不打不骂教孩子
BUDABUMA JIAOHAIZI
一线教育·作品
YI XIAN JIAO YU

3年级，

激活孩子一生的关键

3NIANJI JIHUO HAIZI YISHENG DE GUANJIAN

方 舟◎主编

小学低年级升中高年级

朝華出版社

图书在版编目（CIP）数据

3年级,激活孩子一生的关键/方舟主编.
-北京:朝华出版社,2010.5(2018.12 重印)
ISBN 978-7-5054-2402-9

Ⅰ.①3… Ⅱ.①方… Ⅲ.①小学生-家庭教育 Ⅳ.①G78

中国版本图书馆 CIP 数据核字(2010)第 085129 号

3年级,激活孩子一生的关键

作　　者　方　舟

选题策划　杨　彬　王　磊
责任编辑　王　磊
责任印制　张文东
封面设计　韩石设计

出版发行　朝华出版社
社　　址　北京市西城区百万庄大街 24 号　　邮政编码　100037
订购电话　(010)68413840　68996050
传　　真　(010)88415258（发行部）
联系版权　j-yn@163.com
网　　址　www.blossompress.com.cn
印　　刷　三河市祥达印刷包装有限公司
经　　销　全国新华书店
开　　本　787mm×1092mm　1/16　　　　　　字　　数　220 千字
印　　张　16
版　　次　2010 年 6 月第 1 版　2018 年 12 月第 9 次印刷
装　　别　平
书　　号　ISBN 978-7-5054-2402-9
定　　价　29.80 元

序　言

一次偶然的机会,我参加了一次教育同行的研讨会,在谈到小学 3 年级孩子的教育问题时,我记得当时一位同行的比喻就非常精当:"3 年级就像是一个启动'按钮',只要适时按下,就会激活孩子的一生!"

为什么说 3 年级是"激活孩子一生"的"按钮"呢?

后来我仔细思量,才悟出了其中的道理:这和 3 年级所处的独特位置有关。

孩子升入 3 年级后,家长不难听到孩子们口中这样的怨言:

"数学怎么那么难学呢?"

"爸爸妈妈整天让我学习,一点儿都不知道关心我!"

"为什么我的成绩就是上不去呢?"

……

为什么在 1-2 年级快快乐乐的孩子,开始有了忧愁?为什么孩子遇到了这么多难以逾越的学习坎坷呢?

实际上,这都与 3 年级孩子所特有的阶段特征有关。从教多年,我一直习惯这样去概括和形容小学的六个年级——1-2 年级,无忧无虑期;3 年级,酝酿期;4-6 年级,问题爆发期或平稳发展期。

通俗点讲也就是说,1-2 年级,属于小学的低年级阶段,孩子年龄小,问题少,最重要的任务就是快乐;4-6 年级,属于小学的中高年级

阶段，孩子渐渐长大，往往呈现出两极分化的态势，一方面是好的，一方面是坏的……而决定孩子是往好的方面发展，还是往坏的方面靠拢的主要因素则是——3年级，这个关键的转折期、过渡期，也就是这个酝酿期，家长的教育工作到不到位。

例如，教学过程中，很多家长都曾向我反映过这样两种现象：

现象一：

孩子小学1-2年级的时候，学习特别棒，门门功课100分，可一到小学中高年级，问题就出现了，成绩开始直线下滑，各种能力上的不足也开始凸显出来。

现象二：

孩子小学1-2年级的时候，并不显山露水，可一到中高年级，成绩好不说，还在班级里显示出过人的学习能力、领导才能。

为什么从小学低年级进入中高年级后，孩子的变化如此之大？其实，关键还是在3年级这个特殊阶段——孩子在4-6年级阶段，是进入到问题爆发期，还是进入到平稳发展期，完全取决于3年级这个"酝酿期"的教育成效如何。

何为"酝酿期"？

这个酝酿期，既是孩子身上问题的酝酿期，也是孩子身上潜能的酝酿期。也就是说，只要在3年级的时候，父母的教育方法得当，很多教育难题都能被及时解决于萌芽状态；只要在3年级的时候，父母采取相应的措施，孩子就会迸发出无与伦比的学习力、进步力……这个神奇的3年级，可以让孩子"如坠深渊"，也可让孩子"如上青天"，难道不是孩子人生的激活按钮吗！

"激活"这个词用来形容3年级这个特殊阶段，最是形象！

在和很多教育同行交流研究的过程中，我们还达成了这样的共识：

3年级，是小学低年级到中高年级的过渡期——孩子是向更好的

方向发展,还是向更坏的方向发展,皆取决于这一阶段"酝酿了什么";

3年级,是小学阶段中学习成绩的爬坡期——家长只有适时地对孩子指导一下、帮助一下,孩子未来的学习生涯,乃至初中、高中,才会更为顺畅;

3年级,是培养写作能力的关键期——家长在这个阶段能否培养起孩子对写作的热情,对其今后的学习来说意义非凡;

3年级,是孩子英语学习的启蒙期——孩子能否对英语学习产生兴趣,取决于家长在3年级这个阶段的启蒙工作做得是好是坏;

3年级,是孩子小升初上名校最为关键的准备期——孩子能否升入重点中学,能否进入名校,这一阶段的准备工作最为关键;

3年级,是孩子学前教育成果的显现期——孩子是厌学还是认学,在这个阶段开始初露端倪;

3年级,是培养孩子学习主动性的关键期——这一时期,孩子能否养成学习主动性,决定着孩子在今后的学习生涯中是积极主动、先人一步,还是学习盲目、消极被动;

3年级,是孩子自我、自尊意识的萌芽期——健康正确的自尊、自我意识,不仅影响着孩子的学习,更会影响孩子的一生。

当家长能够把握住3年级孩子的这些阶段特征,依此对孩子进行正确的家庭教育,引导并督促孩子的成长与进步,对孩子的一生来说,都将是受用无穷的!

阅读此书的特别提示:

1.由于参与撰写此书的教师较多,所以我们在人称上统一用"我"以及"我们"来泛指作者,以方便读者阅读。

2.随着时代的发展,早熟已经成为了很多孩子共同的成长特征。所以我们建议家长:从孩子1-2年级的时候既可开始阅读此书。

目 录

Contents

目 录

第三章 3年级，父母如何在家中辅导孩子学习

第四章 3 年级,最应注重培养孩子的多种能力

目录

第 一 章

3 年级,激活孩子一生的关键

每当孩子们升入 3 年级后，我都会召开一次家长会。在家长会上，我必说的第一句话就是："3 年级，很特别。"

我为什么说 3 年级很特别呢？

原因是多方面的，很多教授 3 年级的班主任与我都有着这样的共识：

3 年级，小学低年级向中高年级的关键过渡期；

3 年级，孩子的成绩进入起伏期；

3 年级，培养写作能力的关键期；

3 年级，孩子英语学习的启蒙期；

3 年级，小升初上名校最为关键的准备期；

3 年级，学前教育成果的显现期；

3 年级，培养学习主动性的关键期；

3 年级，孩子自我意识的飞速发展期。

3 年级作为小学阶段低年级到中高年级的过渡期，对孩子们来说是一个崭新的起步：走好了，后面的学习过程就更顺畅；走不好，后面就会困难重重，出现一系列学习上的困扰和问题，比如，孩子不知道该怎么写作文，孩子不喜欢学英语，孩子对任何科目的学习都提不起兴趣，孩子的成绩开始时高时低、起伏不定……

也正是从这一点上来说，3 年级，在小学阶段起着激活孩子一生的关键作用。

一 小学低年级到中高年级的过渡期

和一位资深小学教师聊天时,她说到这样一句话:"小学 3 年级的最大特点就是,不上不下,不大不小。"

仔细想想,还真有几分道理:说其不上、不大,是因为 3 年级之上还有 4 年级、5 年级、6 年级。说其不下、不小,则是因为 3 年级之下还有刚刚入学不久的 1 年级、2 年级。3 年级,恰恰在中间,起到一个承上启下的过渡作用。

然而,也正因为这个承上启下的特殊位置,孩子们身上开始显现出一些明显的阶段特征,这主要表现在两个方面:

首先,承上引发的问题:厌学情绪初露苗头。

家长们一定都有这样的感受,孩子刚上小学的时候,也就是 1—2 年级的时候,学习劲头那个足,上课特别积极,放学回家立刻写作业,他们往往不用家长督促,就能自觉地完成学习任务。可一到 3 年级,情况就完全变了,放学回家他们做的第一件事不是打开电视机看起来没完,就是沉迷于玩游戏,作业和学习对他们来说好像成了一种煎熬、负担,有时候即使写作业,也是磨磨蹭蹭、拖拖拉拉……

家长们不禁开始疑惑:孩子为什么会这样呢?

其实,这与孩子所处的不同年级阶段有关。孩子之所以在 1—2 年级特别好学,主要是出于一种对学校、学习的好奇,对于学校和学习有着一种新鲜感,因为这种新鲜感,他们觉得学习和学校能够给他们带来快乐。可经历了两年的学习生活后,孩子们对学校和学习的新鲜感

渐渐淡去，单调乏味的学习生活渐渐让孩子感到无趣，自然也就对学习兴趣不高，出现了厌学的苗头。他们甚至会对学习产生怀疑和思考：我为什么要学习？学习不好能怎么样？

如，我的一位学生就在日记本中写下这样的话：

天天学习，日日学习，学得我头都大了。我不明白，整天学习到底是为了什么？爸爸妈妈整天督促我学习，让我给他们争气，我真不知道，我到底是在给谁学习！

看，这就是3年级孩子对待学习的态度——有点怀疑，有点厌倦，甚至是有点逃避，而这也正是孩子初露的一些厌学苗头。家长们若是不能给予足够的关注，任其自由发展下去，这些苗头很可能在小学中高年级，就会发展为更大的问题，如逃学逃课、视学习为劳役等。家长们可以想象一下，这个后果会有多严重：孩子不喜欢学习、厌倦学习，学习成绩势必会随之一落千丈……

其次，启下引发的问题：学习积极性不高，缺乏主动性。

在日常与3年级孩子的接触中，我发现这样一个现象：相比于4-6年级，3年级的孩子们学习的积极性、主动性低了很多，很多时候，如果不是家长和老师在背后催促，他们大多不会主动去看书、写作业，有时候，即便他们迫于家长和老师的压力去学习，往往也是心不在焉。

孩子出现这些状况的原因何在呢？

我曾教过的一位学生这样说：

老师，我现在才刚上3年级，离升初中早着呢，那么着急学习干吗？况且，现在课程那么多，整天累都累死了，好不容易有时间玩一会儿，哪有心思去学习啊……

每当听到孩子们说这样的话，我都会为他们着急。3年级，在小学阶段中是多么重要的一年，课程内容变难了、变多了，在这样的情况下，孩子们如果还是消极被动地去学习，无疑就会在学习的道路上碰到很多困难,导致学习成绩在这个阶段直线下降。这对孩子以后的学业生涯来说,将是非常不利的。

明白了这些,家长们或许会问:"孩子身上出现这样的情况,我们究竟该怎么办呢?"

方法一:面对初露苗头的厌学情绪——绝不盯着孩子学习

我曾认识这样一位 3 年级孩子的家长,为了孩子的学习问题他可谓是煞费心机:

每次孩子做作业的时候,我都会认真辅导他;每次孩子考出好成绩的时候,我都会给他奖励;每次孩子不想看书的时候,我都在背后督促他……怎么现在,这孩子反倒越来越不喜欢学习了呢?

小学 1-2 年级的时候,很多家长都有盯着孩子写作业的习惯。在1-2 年级的时候,因为孩子的自我意识还不是很强,家长说什么,孩子就会按照家长的要求去做,常常能规规矩矩地学上一段时间,家长这种做法往往能收到让人满意的效果。然而,进入 3 年级之后,家长就会发现,盯着孩子学习,已经不起作用了。

这是为什么?原因就在于在 3 年级的时候,孩子的厌学情绪已经初露苗头了,对待学习他们已经开始存在厌倦、腻烦心理。然而,这一时期,因为习惯使然,家长仍旧会按照以前的老套路来对待孩子,盯着孩子学习,一步不离地看着孩子学习。看到孩子露出厌学的苗头更是如临大敌,绷紧了神经,孩子回家后家长的第一句话就是"赶紧学习",做的第一件事情就是把电视机关上,让孩子安心做作业。然而,家长这样做孩子就会安心学习了吗?

在和一些教育专家谈到这个问题时, 他们的观点惊人的相似:家长盯着孩子学习,不仅不能使孩子安心学习,还可能会促使"危机"的产生。

为什么这么说呢？

其实，在孩子 3 年级的时候，他们的厌学情绪只是露了一个苗头。家长在这时候如果过度关心，常常会起到推波助澜的作用。

孩子为什么厌学？因为学习不快乐，没有游戏好玩；学习不自由，不能自己掌控。这时候家长越盯越会让孩子感觉学习是一件痛苦的事，是快乐和自由的敌人，怀着这样的想法，孩子就更加不可能会爱上学习了。

所以，作为 3 年级孩子的家长，如果你的孩子出现了逃避学习、厌倦学习的征兆，你一定首先要做到这样一点：绝不盯着孩子学习。

家长不盯着，孩子自己有了决定权，就会产生自由感。当他意识到父母对自己是放心的，是尊重的，也就会自觉地去学习了；

家长不盯着，孩子才能明白，学习不是为家长学，而是为了自己的前程和未来，才能意识到学习是他自己的事情，从而在学习的过程中多些主动性，不会总是依赖别人的催促。

我常常这样告诉学生家长们：盯着孩子学习是最不明智的，你可以做到今天盯、明天盯，今年盯、明年盯，但你能保证盯着孩子整个的十几年的学习生涯吗？我想，即便你能做到，孩子也不会容忍你的这种不信任、事事包办的行为。

所以，孩子在 3 年级的时候，家长对他的学习"适当"放手，对孩子来说，未尝不是一件好事。

方法二：孩子学习积极性不高——给孩子找一个学习"榜样"

周末的时候，亲戚打来电话，开口就向我抱怨：

我家那个孩子自从升入 3 年级，一点都不知道学了，一进家门就抱着电视不放手，一提让他去写作业，就给我摆一张苦瓜脸……你说这个孩子这样下去可怎么得了！

亲戚说的这种情况并不是个例。在我日常与 3 年级孩子接触过程中，很明显地感觉到了，这一时期孩子对待学习的态度发生了明显的变化：他们对待学习再没有 1-2 年级那股兴奋劲儿，经常是抱着应付事儿的态度，听课心不在焉，写作业三心二意，家长不在背后催着，他们从来不知道积极主动去学习。

很多家长对此感到困惑：1-2 年级那个学习主动积极的孩子，怎么不见了呢？

在与一些 3 年级教师的交流过程中，我找到了答案：

随着自我意识的觉醒，3 年级的孩子在学习过程中，更倾向于任性而为，想学一会儿就学一会儿，不想学就不学，自制力较差。更因为 3 年级这个不上不下的特殊阶段，给孩子们造成了"可乘之机"，不上，离 5 年级、6 年级还远，用功也等着关键时候再用吧；不下，1-2 年级为学习打基础的阶段也已经过去了，不用再那么拼命地学了。在这个中间阶段，孩子们很容易形成这样一种错觉：现在放松一下没关系，等上了五六年级再努力就行。

在这种思想的影响之下，孩子学习不积极、贪玩也就在情理之中了。

面对这种情况，家长该怎么办呢？

一位从事教育事业多年的朋友是这样做的：

女儿小薰今年上 3 年级，像大多数孩子一样，这孩子升入 3 年级之后，对学习的兴趣淡了很多，一让她学习，她就会念叨着"没劲"。作为一名教育工作者我知道，3 年级对孩子的一生发展来说是多么重要。孩子如果在这个阶段对学习丧失激情，此后的学习生涯对她来说必定也是痛苦不堪，那么，这个孩子的将来会怎样，也就不难预料了。明白后果的严重性，我开始思谋对策。

暑假的一天，孩子的表姐小萱来家里做客。我发现女儿特别喜欢缠着小萱，让小萱给她讲故事。小萱懂得的东西似乎特别多，怎么讲都

不会重复。我灵机一动，何不让女儿向小萱好好学习呢？

小萱走后，我问女儿："小薰说表姐的故事讲得好吗？"

女儿一个劲儿地点头，我接着说："那小薰向表姐好好学习，也做一个'故事大王'好吗？"

女儿似乎对这个主意很感兴趣，高兴地说："好啊，我也要向小萱表姐学习，知道好多好多故事……"

从那以后，女儿读书的积极性大大提高了，总是主动找我给她买各类图书，随着阅读兴趣的提高，女儿对学习的积极性也慢慢培养了起来。

看！这位家长的做法是不是就聪明多了？当孩子对学习提不起兴趣、不积极的时候，家长跟她讲道理或者强迫她去学习，孩子不一定会接受。但家长若是换一种方式，借助孩子身边优秀的人去激励他，往往就能收到不错的效果。

二 小学阶段的学习成绩爬坡期

接任小学 3 年级的班主任后,我曾对孩子们进行过一些摸底考试。

两次考试之后,我接到了一位家长的电话:

我的孩子在小学 1—2 年级时,成绩还很不错,经常能拿到 90 多分、100 分。可升入 3 年级之后,成绩开始直线滑坡,总是在七八十分徘徊。

为什么别的孩子还是能够拿到 90 多分、100 分,我的孩子却开始出现成绩下滑的现象呢?

不单是这位家长,很多 3 年级孩子的家长,也曾就这个问题万分苦恼地问过我。其实,这还要从 3 年级这一特殊的学习阶段说起。

3 年级在小学阶段,是低年级到中高年级的过渡阶段,也是小学阶段学习的爬坡期。教育界常常把 3 年级称为"马鞍阶段",意思是说,3 年级的孩子各方面都是起伏不定的,时好时坏,这其中很重要的一点就是指:进入 3 年级后,很多同学的成绩会像马鞍一样,起伏不定。

在 1—2 年级的时候,因为需要学习的知识不是很多,课程不是很难,大多数孩子只要稍微用用心基本上都能拿高分,但随着升入 3 年级,知识量开始增多,各科内容也开始有了难度,一些孩子并不能快速适应 3 年级生活,这也就造成了刚刚升入 3 年级的孩子会出现成绩起伏不定的现象。

除此之外,家长的教育态度,也会对孩子产生非常重要的影响。

在课下和 3 年级孩子聊天的时候,我就曾听到孩子们这样说:

"妈妈总是说我成绩差，一点儿都不为我考虑考虑，一下子多了那么多要学的内容，我怎么能适应得了呢？"

"爸爸总说我笨，不能考高分……课程一下子那么难了，考不了高分，能全是我的原因吗？"

"爸爸妈妈总是不理解我，说我任性，可他们怎么就不替我想一想呢？我也需要别人的尊重啊！"

听着孩子们诉说着自己的种种烦恼，家长是不是已经察觉到，自己的孩子和以前不一样了呢？

的确，3年级作为中高年级和低年级的分水岭，孩子在这个阶段常常会表现出自我意识强、偏激、自负、自我调节能力差等心理方面的端倪。他们开始注重自身的感受，开始对家长的意见进行一些必要的思考，开始渴望尊重……

明白了这些，家长们在日常和孩子相处的过程中，就要注意多从孩子的性格特征入手，帮助孩子更好地度过这个过渡期。

方法一：除了写作业，还要做点预习，帮孩子适应3年级

孩子成绩下降，很大程度上是因为对学习内容增多的不适应，以及学习方式不对头造成的。

这时候，如果家长不能及时发现问题，帮助孩子解决问题，任这种情况长期延续下去，不仅会挫伤孩子学习的积极性，也更加不利于孩子自信心的培养。

我教的一个学生就是很好的一个例子：

男孩小军最近有很多烦恼。在1-2年级的时候，小军上课认真听讲，课下按时完成作业，每次考试都能考个不错的成绩，可自从升入3年级之后，尽管小军还是认真听讲、完成作业，可他总感觉课程的内容好像难了很多，听课也明显感到了吃力，考试的成绩更是不尽如人意。

看着怎么也提不上去的成绩,小军慢慢变得灰心丧气起来,对学习的激情和兴趣也慢慢消失了。

小军身上出现的这些状况,并不是个案。很多 3 年级孩子的家长都曾向我反映过孩子身上出现的这些问题。

3 年级作为小学低年级到中高年级的过渡阶段,需要孩子们掌握的内容比 1-2 年级的时候多了很多,这对已经习惯 1-2 年级学习任务的孩子们来说,无疑是非常难以接受的。这也就是说,随着学习任务量的加大,孩子们单纯听课、写作业的学习方式显然已经不能适应新一阶段的学习实际。

所以,这个时候,父母就得想点办法,帮助孩子提升成绩。

怎么提升? 最好的方法就是改变孩子旧有的学习方式。

例如,一位家长在帮助孩子改变学习方式上是这样做的:

明明上小学 3 年级以后,成绩开始出现明显的下滑。看他平时学习也非常努力,认真听讲,用功写作业,怎么成绩就大不如前了呢?

一次偶然的机会,儿子向我抱怨道:"现在上课讲的这些内容我常常听不懂。"

一语惊醒梦中人,我意识到,儿子成绩下滑的原因,就是在学习过程中少了预习这一环节。于是,我帮助儿子拟定了一个学习计划,除了按时完成作业外,还加了预习一项。儿子按照这个计划学习了一段时间,成绩慢慢有了起色,也不再听他抱怨说上课听不懂了。

总结来说,这位家长的方法就是:作业 + 预习。

为什么只是加了一个预习的过程,就会产生这么大的效果呢? 还是要从 3 年级这个特殊阶段说起。3 年级孩子成绩下降,大多是因为课程难度增加,听课不能理解的内容增多了,在学习过程中加入预习这一项,恰恰可以帮孩子对老师所要讲述的内容提前做一个了解,做到心中有数,听课的时候也就能化被动为主动,积极投入。

仔细想想，确实也是这个道理。小学 3 年级的孩子还没有完全脱离 1–2 年级的学习模式，对他们来说，认真听课、写完作业就是好好学习了，就能够取得好成绩。然而事实上，3 年级的学习并不像孩子们想象的那么简单，家长在这个时候，若是能够及时引导孩子学会预习，将老师要讲的内容在孩子的脑中提前进行一个铺垫，那么孩子在听课的过程中就会少一些畏难情绪，再学习的时候，也就轻松多了。孩子用这种方式慢慢适应了 3 年级的学习，成绩提上去也就是早晚的事了。

方法二：父母要做认同、理解孩子的感受并鼓励他前进的人

多年教学中，我发现这样一个有趣的现象：

孩子成绩下降，最着急的不是孩子，而是家长。

每次考试完后，都会有不少家长来找我。但凡见到神情紧张、一脸焦虑的家长，我都会告诉他："你这种情绪不仅不能帮助孩子，反会害了孩子。"

你想啊，这样神情紧张的家长，在家里的表现会如何呢？不难想象，他们以孩子成绩好坏为出发点，在对待孩子时，就很难心平气和地帮助孩子找方法、解决问题，相应地，他们对待孩子的成绩变化往往会表现得比较"偏激"，一旦孩子成绩不如意，就会对孩子进行训斥。

这样的家长我就见过很多，例如：

一次开家长会，在教室旁的走廊里，我看到一位家长这样对自己的孩子说："真是笨死了，又考这么点儿分，来给你开家长会真是丢人！"

听到这位家长这样说，我真的为他的教育方式感到担心。3 年级的孩子自我意识已经开始觉醒，自尊心开始萌芽，他们更渴望被尊重和理解，然而家长一次次的训斥，无疑就是向孩子传达了这样一个信息：你是不聪明的，是差的。在这样的信息反复刺激之下，孩子就是想要努力学好，也不是一件容易的事。

孩子还小，可塑性极强，家长不能因为他一次考试成绩不如意就下"你算学不好了"这样的定论。心理学上有一个暗示效应，也就是说你暗示孩子是怎样的人，孩子就会成为什么样的人。家长如果总是说自己的孩子不好，说孩子笨，就是在不断地暗示孩子，他是学不好的，他是没有学习天赋的。长此以往，孩子会变成什么样子也就不言而喻了。

那么，家长们到底该怎么做，才能帮助孩子顺利地度过3年级这个从低年级到中高年级的转折期呢？

一位家长对此深有体会：

扬扬上3年级后成绩开始起伏不定，成绩单经常惨不忍睹，我和孩子的妈妈虽然也很为孩子着急，但是我们知道，如果我们的方法不对头，不仅对孩子的学习没有帮助，还可能会伤害孩子学习的积极性。于是，我和妻子约好，对孩子的成绩采取宽容的态度。即使孩子考得再不好，我们也不责骂他。

比如前段时间，扬扬放学回来，忐忑不安地把成绩单交给我，等待我的训话。望着成绩单上那让我失望的分数，我并没有批评孩子，而是平静地跟他说："爸爸知道你这次没有考好心里很难过，爸爸不会批评你的。"我边说边拿着扬扬的成绩单分析道："扬扬这次考了70多分，排在扬扬前面的有20多个人，那么扬扬下次只要努力一点点就能超过好多人了，是不是呢？"

扬扬看着我，很认真地点点头："爸爸，我下次一定超过很多人。"

3年级的孩子，他们已经懂得自尊和自卑。当他考试不如意的时候，他自身就已经非常难过了，这时家长再对他进行呵斥、惩罚，无异于雪上加霜，让本来心情糟糕的孩子情绪更加低落，孩子更可能因为

父母对自己的不理解，产生逆反心理，更加不愿意学习。也正是从这一点来说，作为 3 年级孩子的家长，当你的孩子成绩不尽如人意的时候，请记住，不要批评孩子，哪怕他考了倒数第一。孩子需要的是一个认同他的感受、理解他的心情、鼓励他前进的人，而不是一个只会指责他的人。

三 培养写作能力的关键期

升入3年级，孩子们开始系统地学习写作。作文能力对于孩子来说，具有非常重要的意义，不仅考试必考，而且占的分值很高。根据我多年的教学经验，很多时候孩子们之间的成绩差异就体现在作文上。

我就曾教过这样两个3年级的孩子：

小薇和小雯，一个成绩中上等，一个成绩优秀，我曾比较过她们两人的作文：

小薇的作文，字写得虽不舒展但比较整齐，可写作水平很差，内容贫乏，有许多语法错误，错别字也比较多。她每篇作文都被老师要求改来改去，但拿第四稿和第一稿对比，仅能看出改动痕迹，却看不出进步。

和小薇相比，小雯的作文写得特别好，通篇几乎没有一个错别字和病句，字写得整洁大气，文章中总有独到的视角和素材。

家长们也许会问："为什么同年龄段的孩子，写作水平会出现这么大的差距呢？"

在对两位女孩进行家访的过程中，我找到了答案：

我问两位孩子家长一个同样的问题：你是否注重对孩子写作能力进行培养？小薇的家长听我这样问，一脸茫然，很不自在地告诉我，他们没有想过这个问题。小雯的家长则表示从孩子小时候起他们就注重对她的写作能力进行培养，他们家里有很多藏书，孩子想读什么就读什么，阅读兴趣非常广泛，这也就积累了很多的写作素材，写作能力相

比于同龄的孩子自然要强出许多。

看到这里，家长们是不是已经察觉出什么了呢？

写作能力的培养是要靠基础的，这个打基础的阶段就是小学3年级。孩子刚刚开始接触作文的时候，对作文还抱有一定的好奇，这一时期既是培养孩子写作能力的开始也是关键期。

说是开始，是因为3年级刚开始系统地学习写作课程，孩子即使写得不好，家长对其进行培养也还来得及；说是关键期，是因为3年级写作基础打得好不好，直接关系着孩子以后的学习好坏。

所以，在孩子3年级阶段，作为家长就要开始准备为孩子的写作能力打基础了，不要等着孩子在写作方面表现出明显吃力的时候才去补救，那个时候，不仅对孩子来说是煎熬，对家长来说也分外痛苦。

既然如此，家长该怎样抓住3年级这个培养孩子写作能力的关键期呢？

方法一："想象"让孩子更有写作天赋

家长们或许都有这样的经验：

孩子常常写着写着作业，停下来看着窗外，神游起来；

孩子常常说出一些让大人感到莫名其妙的话；

看电视的时候，孩子常常把自己想象成电视剧中的主人公；

看故事书的时候，孩子常常看得手舞足蹈，仿佛自己身临其境一般；

......

孩子这种种表现都说明了一点：他们的想象力是异常丰富的。然而大多时候，当孩子出现上述情况时，家长往往不理解孩子，对孩子的行为感到莫名其妙，认为孩子异想天开。结果，面对家长这样的态度，孩子想象的翅膀可能就此折断了。

和一些教育专家接触过程中，他们都表达了这样一种观点：孩子的想象力是孩子诸多能力中最宝贵的一种，想象力丰富的孩子不仅具备极佳的写作潜力，而且学习能力往往也较之想象力匮乏的孩子要强。

3年级的孩子，年龄大约在10岁左右，正是想象力丰富的年纪。家长若是能够帮助孩子善加运用这些想象力，就能让孩子在提升写作能力方面省下不少力气。

我所熟识的一位家长就是这样做的：

女儿圆圆是一个喜欢胡思乱想的小姑娘，每当看电视时都会叽叽喳喳说起来没完，常常是电视节目还没开演，她已经给我们编了一套节目出来。看女儿想象力如此丰富，我灵机一动：何不借女儿的想象力好好培养一下她的写作能力呢？

一次周末晚饭的时候，电视上播出了这样一句广告词："好地板自己会说话。"

我就顺嘴说："圆圆，地板怎么会说话呢？"女儿瞅着广告，说："假如把自己想象成一块地板，也许它们自己也会有家庭，也会有自己的生活呢。"

我说："肯定是呀，有的木头本身就是药材，这药材就是树家族中的医生，人们有了病都会去找它看。"女儿听了我的话，也有了更多的想法，叽叽喳喳地就说开了："有的树是歌唱家，小鸟叫就是它练习唱歌呢。有的树还特别有学问，人们叫它博士……"

大概过了10多天吧，女儿兴冲冲地从自己的屋里拿出一叠稿子，题目就是《神奇的地板》，并念给我听。我听过后，先是夸女儿写得好，肯定女儿的成绩，然后指出不足，说她人物的一举一动、一言一行描写少了些，读者只闻其声，如何让读者身临其境感觉到它的喜怒哀乐呢？我见女儿还没明白，就拿过一面镜子，放到女儿面前说："你看看自己，你高兴时，你的眼睛是弯弯的，眉毛是向上扬的，你如果把这些写出来，这就叫惟妙惟肖……"

不得不说，这位家长是一位善于培养孩子想象力的高手。在日常的生活中，为孩子捕捉一切可能发散想象的条件，并不厌其烦地循循诱导，让孩子展开想象的翅膀，在想象的世界里自由地翱翔，并把这些想象构局成篇写成故事，这不仅让孩子的想象力更加生动鲜活，更在一定程度上提高了孩子的写作水平。

方法二：从"一词一句"开始，鼓励他爱上写作

在和一些 3 年级孩子谈到作文时，大家一致反映：太难，不知道该怎么写。也正因为作文的"难"，很多孩子从心底就害怕写作文，加之有时候家长老师对待自己作文的态度，更是让他们感到心灰意冷。

刚接手 3 年级的时候，一位学生就曾经沮丧地找到我说："老师，我的作文能力是写不好了，你就不要让我写了吧！"

听了这位学生的话，我吃惊不小：他刚接触作文怎么就能给自己下这样的定论呢？

后来我试着和他交了交心才知道，这位同学刚开始的时候虽然作文写得不好，但写作文的激情一直都不减，然而每次老师读范文的时候，总是没有他的，这让他心里开始怀疑：我是不是写得很糟糕，怎么每次范文都没有我的呢？

在这样的心理暗示之下，这位同学写作的激情渐渐淡了下去，对写作也慢慢产生了畏难心理。

其实，孩子们在刚刚接触一样东西时都会有新鲜感，对写作也是一样，之所以后来会出现畏难的情绪，大多是因为他在刚刚起步的时候就遭到了挫折，没有建立起写作的信心。

明白了这一点，我们在对 3 年级孩子进行写作能力培养的时候，就要抓住这样一个要点：对刚接触写作的孩子要求不要太苛刻，尽量放大他们的优点。

具体来说如何做呢？

我们来看看一位教学经验丰富的语文老师是如何做的：

我曾教过一个叫小琪的女孩，对作文似乎是深恶痛绝。每当我布置下作文题目，她总是最后一个交，并且作文的质量也非常差，可以想象她写这篇作文时，是怎样搜肠刮肚地挤出来的。身为老师，我深知老师的态度对孩子有着怎样的影响，所以，我决定好好鼓励鼓励这个孩子。我仔细看了下小琪的作文，努力在她的作文中找一些优点出来，比如：某个字用得比较好，某个词用得比较妙，某个句子写得不错……

这样一点一滴地发现小琪作文中的优点，并时不时地对她进行表扬，小琪写作文的积极性竟慢慢提了上来，不仅不再惧怕写作，而且写作水平也日渐提高了。

3年级的孩子自我意识已经觉醒，外界对他的态度往往能够左右他的思想，外界对他不够重视，他可能就会觉得自己是无关紧要的，从而对自己放任自流；外界给予他足够的重视和鼓励，他的心里就会产生一种被人尊重的满足感，从而更加严格地要求自己。正是从这一点上说，家长在日常培养孩子写作能力的时候，不妨多找找孩子作文中的优点，哪怕是一词一句，多给他一些鼓励和支持，相信孩子在接受这些信息的过程中就能慢慢对自己充满信心，逐渐爱上写作。

方法三：教他学写"未来日记"

我曾问过班上一些作文写得不错的同学，平时都做了哪些课外功课，他们几乎无一例外地告诉我这样一个方式：写日记。

多年教学经验告诉我，写日记不仅有助于孩子思维条理性的建立，更有助于提升孩子的写作能力。

或许有的家长会说："孩子写作能力本来就不怎么样，还让他写日记，这不是为难他吗？"

的确，让写作能力不强的孩子写日记，有点强人所难的感觉。但家长若是方法对头，孩子不仅不会觉得为难，还会很乐意去写呢。

这个方法是什么呢？

让我们来看看一位聪明的妈妈是怎么做的：

儿子洋洋3年级开始有了作文课，但这个孩子对"作文"这两个字似乎天生有着畏惧心理，一提起写作文就头疼。于是，我决定从写日记抓起，帮助儿子把写作能力提上去。

对于写日记，儿子也是从心里抵触，不愿意写。

于是我别出心裁地跟儿子说："别人的日记都是记发生过的事，洋洋可以记一些没有发生的事情，对未来进行一下设想，比如说，我们明天去游乐园玩了、后天去姥姥家了……只要洋洋写得合情合理，咱们就去把它实现了，怎么样？"

儿子似乎对我这个提议很感兴趣，答应了每天写日记，并且为了实现未来的愿望，儿子总会尝试着多角度地把"日记"写得合情合理、精准到位。在这样用心写日记的过程中，儿子的写作能力也得到了极大的提升，再也不怕写作文了。

这位家长的方法不失为一式妙招：让孩子写"未来日记"，不仅能激起他的好奇，更因为孩子想要做成某件事或得到某件东西的情绪特别强烈，在写的时候，就会不自觉地加入自己的感情，这样写出来的日记就会既富有真情实感，又有一定的合理想象。孩子长期坚持写未来日记，一方面能够在心里不断地暗示自己向着某个目标努力，另一方面在一次一次设想未来的过程中，孩子也能够渐渐构筑一些宏伟的未来场景，对于激励他奋发向上也有一定的好处。

四 英语学习的启蒙期

教学过程中,我发现这样一个现象:在刚刚开始接触英语课的时候,很多孩子都对英语充满好奇,但过不了多长时间,孩子们的积极性就会减了许多,对学习英语没有多少兴致了。

这其中的原因何在呢?在一次3年级家长交流会上,我询问了几位家长是如何帮助自己的孩子学习英语的。

他们给出了这样的回答:

"我每天都会帮孩子检查功课,每天都学了什么,让他给我读一读。"

"我总是尝试着让孩子将生活中一些日用品用英语表达出来,帮助他练习。"

……

家长们的答案五花八门,似乎个个都为孩子学习英语费尽了心机,然而我却不得不遗憾地告诉他们,他们的方法对于孩子学习英语来说,不仅没有半点好处,而且还很可能打消孩子学习英语的积极性。

为什么这么说呢?

3年级阶段孩子刚刚接触英语,有的也只是对英语的一些好奇,但家长过分关注的态度,则会让孩子对这门课程产生这样的想法:英语是不是很难学?英语是不是真的很重要?

孩子的脑袋中产生了这样的想法,无疑就会给自己加上沉重的思想包袱,在学习的过程中就会产生一定的畏难情绪。

3年级,作为孩子学习英语的启蒙期,具有十分重要的作用。一旦

孩子在这个时期产生了上述情绪，对他的学习生活所产生的影响是不可估量的。

我也曾和一些教育专家讨论过这样一个问题：为什么英语学习的启蒙期是 3 年级，而不是 2 年级、4 年级呢？

专家们的表述方式虽不一致，但观点却不谋而合：

第一，3 年级的孩子从智力和知识上已经具备了比较强的语言学习能力：一方面是因为 3 年级的孩子，即 10 岁左右大脑智力发育已基本完成；另一方面是因为通过长期的母语学习后，他们对语言的理解力、事物的理解力，以及知识的储备，已经足以开始学英语了。

第二，从小学入学到高中毕业，3 年级是开始正式英语学习的最佳时间。一方面，3 年级孩子从能力上已经具备了学英语的基础。另一方面，从课业安排来看，小学 3 年级较之 4-6 年级尚处在学业比较轻松的阶段，只有语文和数学两门主课。这时候开始正式学英语，学生在时间上和精力上都比较充裕。

如果能从 3 年级开始，用 3 年级、4 年级两年时间，在其它课程相对较轻松的时候，认认真真、踏踏实实地学英语，从小学 5 年级开始，孩子英语学习能力就会强许多，这个时候就可以将更多的时间用来学习其他课程，轻松应对小升初问题。

了解到这些，家长就应注意在日常生活中该如何做，才能真正帮助孩子学好英语，而不是让他畏惧英语、厌倦英语。

方法一：充分调动孩子的好奇心

孩子在刚刚升入 3 年级时，对学习英语还是抱着极大的兴趣和好奇的，之所以会在后来的学习过程中兴趣淡了下来，很大程度上是因为在家长或老师不正确的教学方式作用下，好奇心消失了，所以，想要孩子学好英语，就先要注意保护他的好奇心。

我所熟识的一位小学3年级老师对此可谓是经验十足：

作为一位3年级的英语老师，我非常清楚第一堂课对孩子们有多么重要。每一位学生对第一节英语课都有着美好的期待和好奇，因此我在上第一节英语课的时候，总是尽量满足学生的期待。如，3年级英语教材的最前面有一张常见的与生活相关物品的彩图，孩子们大多对这些常见物品怎么用英语表达充满着好奇，而我也总是试着从简单的词语入手来满足孩子们的好奇，如sofa(沙发)、hamberger(汉堡包)……

在我示范后，他们会发现英语其实很好说也很好记，原来英语早已融入他们的生活……这不仅满足了孩子们学习英语的好奇，更是让孩子们觉得学习英语并不是那么困难。

相信家长们也有这样的经验，当你的孩子对什么东西充满好奇的时候，即便你不要求他做什么，他也会情不自禁地去探索。其实，在孩子学习英语的过程中，家长只要懂得呵护孩子的好奇心，就能很好地帮助孩子建立起学习英语的兴趣。就像例子中一样，刚刚接触英语的孩子看到书上有自己熟悉的日用品，必定想知道这个东西用英语该怎么表达，老师在恰当的时机用恰当的方式满足了他们，让他们心中产生我能行的自豪感，他们在学习英语的过程中就会多了几分自信。

或许有的家长会说："我不是英语老师，我自己英语都不怎么好，还怎么来教孩子，呵护孩子的好奇心呢？"

其实，这个问题并不难解决。

我就认识这样一位妈妈，她也并不懂得英语，在培养孩子英语学习的兴趣时，她是这样做的：

女儿上3年级以后开始正式学习英语，我能看出她对学习这门课的兴致很高，但我却是个英语盲，如何让女儿学习英语的兴趣不减呢？

在带女儿一起逛书店的时候，我发现女儿经常会站到一些英语

类的音像制品前看得津津有味。我灵机一动，虽然我不会说英语，但书店这些英语类的音像制品可是最好的教材。于是，我挑选了几张比较简单的英语光盘，买回家给女儿看。结果，这孩子常常是跟着光盘上的领读说起来没完没了，很是兴奋呢！

看！这位妈妈的做法多聪明，即使自己不懂英语也完全可以激发孩子学英语的热情。其实，实际生活中，家长只要注意发现，这种机会有很多，比如让孩子听听英文儿歌、看看英文版卡通剧等等，都能够既保持孩子学习英语的好奇，又能让孩子在快乐中学到知识。

方法二：喊出来的"疯狂"英语

一次偶然的机会，一位3年级孩子的家长曾跟我说了这样一句话："孩子很喜欢学英语，但却从来不肯开口说，你说我该怎么帮助他呢？"

这位家长说的情况，在日常教学过程中我也经常能够碰到：很多孩子学习英语只停留在会写、会用，却很少有人开口去读、去说，这也就造成了中国的孩子往往学到的是"哑巴"英语。

很多教师也曾为此苦恼：孩子们为什么就不开口来说英语呢？

在和一些3年级孩子聊天过程中，我找到了答案：

"我念一遍老师说不正确，再念一遍还是说不正确，我不知道该怎么念，干脆就不念了！"

"我在家说英语，妈妈总说我瞎显摆，那我就不说，行了吧！"

……

听到孩子们这些话，我真的为他们的家长或老师错误的教育方式感到悲哀。孩子在3年级的时候，正是自我意识的萌动阶段，家长和老师对他的看法往往影响着他的学习热情。在家长和老师一次次的否定后，这些敏感的孩子开始选择一种最为稳妥的方式来保护自己的自尊，那就是不说。

但我们要明白这样一点:学习英语不开口去说,是永远也学不好的。

英语作为一种与人进行交流和沟通的技能,与其他很多技能一样,要想熟练掌握和运用它就必须进行大量的练习,而这个练习的过程不单包括听、写,更包括读、说。相信大家都有这样的经验:我们开始学说话的时候,往往是磕磕绊绊,但随着我们说的越多,掌握的词汇量也就越来越多,话也能说得越来越流利。英语作为一种语言和汉语其实是一样的,也需要我们去说、去练,才能牢固掌握,进而应用自如。

明白了这一点,在孩子学习英语的过程中,家长就要注意鼓励孩子大声地读出来,错了没关系,可以慢慢纠正,但绝不要因为怕错,就阻止孩子去读。

下面这位家长的做法很值得大家借鉴:

女儿双双上3年级后开始学习英语,但我却发现女儿学习英语的方法存在着致命的错误。她只是每天背背单词,听听磁带,却从来不开口说。我知道,听、说、读、写作为学习英语的四道程序,少了哪个都不可能学好英语。看女儿不肯开口说英语,我心里很着急。

一个周末,女儿过生日,我给女儿买了一个蛋糕回来,女儿望着蛋糕,小嘴张了张,似乎想到了什么:"Cake!"看女儿张口说出了英语单词,我心中动了动,切下一块蛋糕,递给女儿道:"A piece of cake!"女儿歪着头看着我说:"A piece of cake?"我点了点头,说道:"一块蛋糕。"女儿望着蛋糕笑了笑,重复道:"A piece of cake!"就这样女儿掌握了一个新的词组,并且因为我说这个词组的时候,手中拿着蛋糕,女儿对此的印象更是深刻。

从那以后,我总会时不时地创造机会让女儿开口说英语,比如我会拿着苹果说"apple",拿着香蕉说"banana"……久而久之,在我的熏陶之下,女儿也开始大方地讲英语了。

家长在引导孩子开口说英语的过程中，要特别注意这样一个要点：你如果能准确地说出英语再给孩子说，如果不能准确地说出，最好让孩子直接跟着录音机读说，在重复"喊出"英语的过程中，他就能够慢慢纠正一些错误，这更能保证孩子的英语学习少走弯路。

方法三：容许孩子犯错

就像我前面提到的那样，很多孩子后来之所以会对学习英语没有了兴趣，就在于家长和老师的"容错性"太差，孩子在学习的过程中出现一点错误，家长和老师就会急忙喝止。

然而，这种做法却是非常不科学的，对孩子学习英语来说，没有半点好处。

我的朋友在一家少儿英语培训机构工作，他们有一首英语儿歌是这样的："Found a peanut……（发现一个花生……）"可孩子们学到这首歌时总是唱："放个屁呀……"

面对这种局面，大部分的家长都会制止他们，不许他们这样唱，这样久而久之，孩子们在英语学习方面的新鲜感也就会被压下去了。

其实，家长们应该好好想想，孩子们学习一种新语言时，运用了自己母语中的某种东西，可能这种运用是错误的，但我们不能否认，他们在接触这些新词汇时是动了脑子的，而且是愿意尝试的。在这种情况下，我们需要做的不是制止，而是引导。

我的那位朋友就是这样引导的：

真是像呀，跟"放个屁"像极了！再说花生吃多了也是会放屁的。不过这歌咱们之间唱谁都明白，可要是真的唱给外国人听，可就没人明白了，因为它真的还不是"放个屁呀"，而只是跟这个音有点像。所以我们还是得把每个音读准、唱准才比较好。

我的这位朋友是一位优秀的英语教师，因为她的"容错性"较高，能够循循善诱地引导孩子们，所以她班上的孩子学习英语的热情一直都很高。

所以，家长们在培养孩子英语学习能力的时候，就要提高自己的"容错性"，允许孩子犯错误。当然，这并不是说对孩子的错误放任不管，而是要像我的朋友那样，将孩子从歧路上引回来，而又不打消他学习的热情和兴趣。

五 小升初上名校最为关键的准备期

小学 6 年级的时候，一位妈妈找到我咨询这样一个问题："老师，你说我想让孩子小升初进入名校，现在该做哪些准备？"

看着这位妈妈一脸焦急的神色，我真不忍心告诉她，小升初上名校，6 年级才着手准备，晚了！

为什么这么说呢？

这是因为 6 年级是小升初的最后冲刺阶段，前期准备工作做得好还是不好已经定型了：前期准备工作做得好，面对小升初的问题自然是游刃有余；前期准备工作做得不好，小升初想要上名校，就有一定困难了。

家长们或许会问："前期准备工作要从什么时候开始做，都需要从哪些方面做呢？"

根据多年教学经验我总结了以下四点：

首先，在 3 年级，孩子开始接触奥数，家长要为孩子选择好培训班，尽快进入状态。

其次，从 3 年级开始，家长就要注意为孩子的简历充实内容，比如让孩子有目的地多参加一些活动，如作文竞赛、智力竞赛等，每次活动都认真拍照，留好照片。

再次，在孩子学习生活中，家长要注重培养孩子与人交往的能力，团结友爱，为拿下"三好"做好准备。

最后，家长要鼓励孩子尽可能地发展特长，有条件的话，可以打听一下怎么成为国家级运动员。

做到这四点,需要家长们把握住这样一个关键点:3 年级。

为什么是 3 年级,而不是 1–2 年级,或者 5–6 年级?这是由 3 年级这个阶段的特殊性决定的。

3 年级作为激活孩子一生的关键,有着其独特的阶段意义。首先,3 年级孩子的思维高速发展,各方面的能力开始迅速提升,在这个时期家长若是能够适当地培养孩子的艺术特长,就能在小升初的时候给孩子增加一些软实力;其次,在 3 年级的时候,孩子所要学习的内容相对来说还不是很多,学习的难度也不是很大,在这个时期,孩子有充裕的时间夯实基础,多参加一些数学竞赛、英语竞赛之类的活动,提升自身的硬件水平。

我就认识这样一位家长,因为抓住了孩子 3 年级这个小升初最为关键的准备期而受益匪浅:

女儿盈盈小升初的时候,成绩考了全校第一,顺利进入了市重点中学。很多朋友都夸女儿聪明。其实,聪明并不是女儿升入重点中学的主要原因。在女儿上 3 年级的时候,我就开始注意为女儿小升初做准备,比如给孩子选择一些培训班、参加各种活动,有意识地锻炼女儿的各项能力……就这样在 4–5 年级的时候,盈盈连连被评上"三好""优干",并且因为数学学得特别棒,小升初考试的时候,发挥了很大优势,成绩自然遥遥领先,上名校也就在情理之中了。

看到这位家长的做法,我不得不佩服这位家长的先见之明。然而实际生活中,很多家长们却并没有意识到这一点,他们往往都会犯这样一个错误:孩子到了小学 6 年级,才开始为孩子小升初做准备。正如本节开头所说,其实,这个时候才谈小升初,已经晚了。不仅因为孩子在 6 年级的时候,学习时间明显不够用,更因为在 6 年级的时候,孩子的各项能力已基本定型,再让他接触一些培训、竞赛、活动之类的东西,无论是从时间上,还是精力上,孩子都会感到力不从心。

也正是从这些方面来说，想要孩子小升初进入名校，在 3 年级的时候，家长就该开始做准备了。

那么，具体说来，这些准备工作该从哪些方面来着手呢？

方法一：抓紧数学学习

在和很多 3 年级家长谈到小升初问题的时候，我必会提到的一点就是数学的学习。

我为什么会如此看重数学学习？

作为一名执教多年的教师，我曾对名校招生有过一定的研究，结果发现：各校普遍比较重视数学。也就是说，如果你的孩子在小学的时候，经常参加一些数学比赛并且拿到奖的话，在小升初的时候，就会格外受到名校重视。

家长们知道了这一点，在孩子 3 年级这个小升初准备阶段的关键期，就要好好把孩子的数学学习抓起来。

看到这里有的家长可能会说："数学哪是那么好抓起来的，我家那个孩子看到数学就头疼，还怎么提升他的数学成绩呢？"

对于这样的提问，我会不无遗憾地告诉他们，小学阶段的数学并没有孩子想象的那么难，如果家长在这个阶段不能帮孩子克服畏惧数学的心理，那么孩子就可能永远都学不好数学了。孩子的数学学不好，那么在小升初考试中无疑就会处于非常不利的位置。

既然如此，家长们该如何做，才能消除孩子学习数学的畏难情绪呢？

一位有着多年教学经验的数学老师是这样培养自己孩子的：

作为老师我知道，孩子之所以说数学难，是因为在心理上惧怕数学，对学习数学没有兴趣，失去了信心。所以，要想孩子喜欢上数学，首要的一点就是培养孩子的兴趣。

周末的一天，我带儿子一起去超市，我故意一边走一边数数，儿子好奇地问我:"爸爸,你在干什么呀？"我故作神秘地说:"爸爸在算家和超市之间的距离呢。"儿子满脸不解地看着我:"你手里连工具都没有,怎么算呢?"我得意地告诉儿子:"你看,爸爸每走一步,跨出30厘米,从家到超市,爸爸大概要走 2000 步……"听我说到这里,儿子眼睛一亮:"我知道,用爸爸每一步走的距离乘以爸爸走的步数,就是从家到超市的距离!"看着儿子兴奋的样子,我连忙夸奖他道:"儿子真聪明！"

从那以后,儿子似乎对计算一些东西很有兴趣,经常能把数学课本上学到的东西应用到生活当中去。

只要家长肯用心,生活中无处不存在数学。孩子在其间不断地思索和发现,其实就是不停做"应用题"的过程,这对孩子有很好的数学启蒙效果。例子中这位家长的做法无疑是非常科学的。运用生动的游戏来教孩子学数学,比把孩子一下子拉到抽象的数字上或拿一些干巴巴的枯燥的计算来为难孩子,要有用得多。

孩子在游戏的过程中,慢慢懂得了数学的乐趣以及与生活的联系,也就能把在游戏中学到的知识自如地应用到学习过程中了。

方法二:发展一定的特长

在小学有这样一个普遍的现象:学校组织的特长班、课外活动班特别多。

我曾就这一点和一些家长交流过,问及他们的看法,结果,大部分家长给出了这样的回答:

"孩子学习要紧,参加这些乱七八糟的活动,等于白白浪费时间。"

"有这时间还不如让孩子多看会儿书呢。"

……

家长们这样做,似乎都是为了孩子好。但我想说的是,让孩子发展一定的特长,不仅能让孩子在小升初上名校时多一份胜出的砝码,更

能够让孩子多一项可以骄傲的本钱。

为什么这么说？

我曾和一些重点中学的老师一起交流过，他们普遍存在这样一种观点：小学升初中，能够上名校的孩子有两种，第一种就是成绩特别好的学生，第二种就是有特长、社交能力强、适应能力强的学生。

所谓特长，主要是通过钢琴、绘画、围棋、体育、英语以及奥数等表现出来，所谓社交能力、适应能力就要靠平时参加活动表现出来了。

我身边就有很多家长的孩子得益于这些特长、能力，顺利进入了名校：

女孩文文上小学 3 年级的时候，妈妈帮她报了钢琴特长班。因为 3 年级的课业压力不是很大，文文每周都有充足的时间来学习钢琴，更因为 3 年级的孩子可塑性极强，文文学习钢琴进步很快，在小学 6 年级的时候，顺利拿到了钢琴 8 级证书。小升初的时候，一所公办民助的名校向这个钢琴特长生敞开了大门。

男孩雄雄刚刚升入 3 年级，家长就开始为他小升初做准备。根据孩子的兴趣爱好，家长让雄雄参加校体队，3 年来雄雄在校体队表现出色，5 年级的时候代表市里参加比赛，取得优异的成绩。6 年级的时候顺利被一所知名中学招为艺术特长生。

事实证明，在孩子小升初上名校的关键准备期，适时发展孩子的特长，充实孩子的生活，是非常有益的。在小升初的过程中，名校考察孩子的往往不止成绩，更包含能力的检验，这些能力就表现在孩子参加活动的细枝末节之中。

所以，作为家长，不要等孩子到了 6 年级才考虑孩子小升初上名校的问题。3 年级，是孩子能力发展和特长培养的最佳时期。在这一时期，孩子接受新事物的能力比任何时候都要强，在这个时期就为孩子小升初上名校做准备，无疑就会先人一步，孩子所取得的成绩也必然是他人所不能企及的。

六 学前教育成果的显现期

在和很多 3 年级教师交谈的过程中我发现,他们普遍认同这样一种观点:3 年级是学前教育成果的显现期。

为什么这么说?

家长们如果用心就会发现这样一个现象:到了小学 3 年级,孩子们身上开始明显表现出厌学和好学两个极端。

对此我也曾仔细研究过,结果发现,孩子之所以会有这样的差异,就在于家长的学前教育是否得当。

我曾教过这样一个女孩:

女孩名叫灵灵,乖巧听话,从上学开始,每到寒暑假,家长都会找来下一学期要学的内容提前教给孩子。1-2 年级还没什么,灵灵总是能够名列前茅,而升入 3 年级之后,她的学习成绩开始不断下降,灵灵渐渐变得厌学起来。

家长对此很是不解:孩子为什么变得如此厌学呢?

归根结底还是在家长。

我们可以分析一下,孩子从上学开始,家长就总是把孩子下一学期要学的东西提前教给她,1 年级、2 年级时, 孩子自己还没有自我意识,往往家长让她怎么做,她就会老老实实怎么做,但随着孩子升入 3 年级,自我意识开始觉醒、思维能力开始发展,她已经有了明显的厌恶与喜好情绪。这时,她一遍一遍听着自己熟悉的课堂内容,就会渐渐感到不耐烦或者因为太过熟悉而产生轻视心理。

而3年级的课程已经不同于1-2年级，难度大了许多，孩子在听课的过程中，出现上述心理，无疑是对学习非常不利的。

家长们或许会说："既然超前教育会引发这样的问题，那我们到底该怎么做，才能挽救这样的情况呢？"

最好的方法是从孩子的兴趣入手，进行兴趣引导型教育。

我的一位亲戚就是这样做的：

进入3年级，女儿晓旭开始出现厌学情绪，一提学习就喊头疼。在咨询了一些教育专家之后，我决定从女儿的兴趣入手，帮助女儿重新爱上学习。

一天放学后，女儿扔下书包就开始看电视，恰好电视上正在播放《三星智力快车》，看电视上的孩子一个个争先恐后地回答问题，女儿露出羡慕的眼神。

看到这里，我趁机道："晓旭想不想像电视上的哥哥姐姐一样做一个'万事通'呢？"

女儿看了看我，点点头："怎么才能成为'万事通'呢？"

我故作神秘地对女儿说："从明天开始，妈妈每天给你一本'秘笈'，'修炼'个一年半载，晓旭就能成'万事通'了！"

女儿被我逗得笑了笑，似乎对我所说的"秘笈"很感兴趣。

从那以后，我每隔一段时间都会从书店或图书馆带一些科普读物回来，而女儿为了成为"万事通"，也开始慢慢看了起来，随着掌握的知识越来越多，她对学习的态度也慢慢开始转变。

我的这位亲戚在帮助孩子扭转厌学情绪上，做得就非常好：从孩子的兴趣入手，让孩子在不知不觉间转变学习态度，也就能够渐渐摆脱厌学情绪。

那么除此之外，还有哪些方法，能够挽救处在厌学情绪边缘的孩子们呢？

方法一：对孩子适当地放手

曾有 3 年级孩子的家长向我抱怨："孩子一进 3 年级,对学习好像一下子没了兴趣:学什么都无精打采的,干什么都要等着家长催,这样的孩子以后怎么能学好？"

谈到类似的问题时,我都会提到这样一个观点："3 年级孩子开始出现反抗、逆反的心理,是好事。"

为什么这么说？

反抗和逆反,其实正是孩子自我意识萌芽、拥有分析能力和决策能力的表现。孩子如果不知道反抗,唯唯诺诺只知遵守家长的约束,那才是不正常的,那说明这个孩子没有分析能力和决策能力,不能自主,只知道听从家长或别人的安排。也正是从这点上说,在 3 年级这个特殊阶段,当孩子开始反抗和逆反,家长就要学会对孩子适当放手,不要再对孩子的学习大包大揽。

女孩婧婧上 3 年级之后,学习再没有以前那么积极了。放学回来磨磨蹭蹭,不愿意写作业,妈妈每次催她学习,她都一脸的不乐意。看到女儿这个样子,妈妈开始着急了:怎样才能让女儿像以前一样好好学习呢？

一次婧婧放学回家,妈妈又催着婧婧去学习,婧婧不耐烦地说:"我自己知道什么时候该学,不用你管！"听着婧婧这样的话,妈妈震惊的同时猛然醒悟:原来孩子是不想被管了。

于是妈妈尽量使自己平静下来道:"既然婧婧知道什么时候学习,那婧婧制定一个学习计划给妈妈看看,如果婧婧能够按照自己的计划学习,妈妈以后都不会再管你。"

婧婧吃惊地看着妈妈,有点激动地说:"妈妈说话要算数。"

妈妈郑重地点了点头。婧婧看妈妈点头,进书房开始列学习计划。

她列得很认真，看上去很为自己能够决定自己的事儿感到自豪。

从那以后，婧婧真的开始按照自己制定的计划开始学习，也渐渐摆脱了厌学情绪。

实际生活中，家长总是认为孩子还小，不能很好地安排自己的学习，从而自作主张地为孩子安排学习这个、学习那个，结果孩子不仅不会按照家长的安排来好好学习，相反还会因为家长不懂得尊重自己而跟家长对着干。例子中的家长在这一点上就做得很好，她在意识到孩子不想被自己管束后，适时地给孩子自由，满足孩子想要自主的心理，孩子也就能够乖乖地学习了。

方法二：培养孩子的成就感

前段时间，我在街上碰到一位旧友，闲谈间提到了孩子的教育问题，这位朋友跟我这样说起了自己上 3 年级的儿子：

儿子一上 3 年级，以前学习的精神头儿就没了，望着儿子整天浑浑噩噩的样子，我是真着急。一次偶然的机会，我带儿子去吃肯德基，里面有一大堆孩子在看图说话，儿子的目光也被吸引了。负责的阿姨告诉我，这是他们举办的一个叫"欢乐大本营"的活动，活动前，会先给孩子们看一些字画，再配以生动的故事，然后出几个相关的题目让孩子抢答，答对了的就送一些可爱的小玩具作为奖励。

我看儿子听得津津有味，便给他报了名。没想到他从此就喜欢上了这个活动，回来后眉飞色舞地跟我讲："妈妈，我今天又得到表扬了！""妈妈，我今天得了个小玩具！""妈妈，今天我比其他人都厉害，最先说出答案……"话语间是掩饰不住的自豪感。时间久了，我发现，儿子居然增长了不少知识，而且比以前更自信、开朗、爱学习了。

从朋友的话中，我悟出这样一个道理：想要培养孩子的学习兴趣，从培养他的成就感入手，往往能起到意想不到的效果。就像朋友的儿子一样，在"欢乐大本营"里，听阿姨提问，并努力抢答，答对了还能得到夸奖和赞美，自然是乐此不疲，当他的成就感慢慢建立起来之后，就会想要在其他方面也做好，也好好表现一下自己，也就能自然而然地好好学习了。

当然，家长在这样做的时候，一定要注意这样一点：从孩子的特长入手，培养孩子的成就感。这个道理很简单，如果孩子不擅长、不喜欢做什么，家长却硬逼着孩子去做，结果只能让孩子对家长的行为更加厌烦，更加不合作。

所以，家长在发掘孩子潜能、发现孩子喜好和特长的时候，不要总期望孩子千篇一律地回答爱读书、爱学习……最好能找到比较贴合孩子实际、比较简单的答案，如打篮球打得特别好、航天模型做得特别好、古诗背得好……这样才能让孩子在产生成就感的同时，感觉到家长的信任，在潜移默化间养成爱学习的习惯。

方法三：从阅读入手让孩子爱上学习

在多年教学过程中，我发现这样一个现象：凡是喜欢阅读的孩子，大都喜欢学习。

在和很多老师交流的过程中，他们也普遍认可这个观点。

这其中的原因何在呢？为此我曾找来班上几个喜欢阅读的孩子，向他们询问缘由，他们给出了这样的回答：

"在阅读的过程中，我总能在书中找到一些值得我学习的榜样，以这些人为目标，向这些人学习。"

"阅读让我在不知不觉间就产生了学习的兴趣。"

……

相信家长们都有这样的经验：孩子常常会因为看某本书看得入迷而饭不吃、觉不睡，任家长怎么劝都不管用。不错，阅读确实就有这样

的魔力，能够把孩子深深吸引住。不仅如此，喜欢阅读的孩子，视野比同龄人开阔，知识比同龄人丰富，自制力和自律意识也比同龄人要强。

正是从这一点上说，家长从阅读入手培养孩子的学习兴趣无疑是一条捷径。

或许有的家长会说："我家孩子压根儿就不喜欢看书，这可怎么办？"

一位聪明的妈妈是这样做的：

女儿芳芳3年级了，可是一点儿都不喜欢读书，怎么让孩子喜欢读书呢？我决定先从自身做起。我和丈夫商量好，每天晚上8点到9点全家坐到一起看书。

开始的时候，女儿有点儿不太适应，总是坐不住，可一看我和丈夫看得津津有味，也不好意思起来，只得跟着我们一起看。这样坚持了一段时间，我们发现，女儿渐渐喜欢上了看书，有时过了9点半女儿还会坚持看下去，很是入迷。

的确，家庭环境给孩子带来的影响是至关重要的。如果孩子生活在一个书香四溢的环境，就会慢慢受到熏陶喜欢上读书。如果孩子生活在一个嘈杂纷乱的环境，想让孩子喜欢上读书，就不太容易了。

明白了这一点，家长就要努力为孩子营造一个适合读书的环境，为孩子爱上阅读提供一个适宜的外在条件。相信当孩子的阅读兴趣被培养出来之后，孩子就能从书中学到很多，懂得很多，自主自发地去学习了。

七 培养学习主动性的关键时期

我的班上有这样一个男孩子：

男孩叫小勇，平时作业次次都得优，但一旦遇到考试，他就会考得一塌糊涂。

这其中的原因何在呢？在私下和小勇聊天的时候，我找到了答案：

平时做作业的时候，碰到不会做的题目，妈妈都会帮我解决，遇到我不懂的问题，妈妈也会耐心帮我讲解，有妈妈在我身边的时候，我做题从来不担心不会做。但考试的时候，妈妈不在我身边，碰到不会的题目，我就会心里没底，不知道从何下笔了……

听了这个小男孩的话，家长们是不是该反思一下了？总是督促孩子学习到底是对是错呢？

或许有的家长会说："我们督促孩子学习也不是一天两天了，从他上幼儿园开始，我就督促他学习，不是一直都挺好的吗，为什么现在反而出问题了呢？"

其实，这和孩子所处的年级阶段有一定的关系。幼儿园以及小学1-2年级的时候，课业内容不是很难，家长在旁边指导，孩子想要学会和记住课本上的知识并不困难。但随着孩子升入3年级，课业难度开始加大，家长如果还是一成不变地充当帮助孩子解决问题的角色，无疑就会让孩子对家长的帮助更加依赖，更加不愿意动脑筋。这样下来，当他再碰到困难的时候，首先想到的不是自己动脑筋去解决，而是父母的帮助。就像我的学生一样，平时在妈妈的帮助下，每次功课都能得

优，一旦妈妈不在身旁，遇到问题就会六神无主，不知从何下手。

正是从这一点上说，在孩子 3 年级的时候，家长就要学着完成角色转换，不要再做孩子问题的"清道夫"。

看到这里，有的家长会问："我们到底该怎么做，才能完成这个角色转换呢？"

方法一：引导孩子树立明确的目标、理想

在多年的教学生涯中，我发现这样一个现象：

凡是那些学习主动积极的孩子都有着明确的目标，知道自己要达到什么成绩或要做到某种程度；而那些学习消极被动的孩子，则多是生活混混沌沌，没有学习目标和学习方向。

在和 3 年级孩子的家长谈起这个问题时，曾有家长对此发出质疑："3 年级的孩子还那么小，现在就谈让他树立目标是不是早了点？"

面对家长这样的质疑，我通常会很果断地告诉他们："一点都不早。"

3 年级，孩子的大脑发育正处在内部结构和功能完善的关键期，对事物的理解能力、明辨是非能力较之 1–2 年级已经强了许多。家长在这个时候，开始向孩子灌输一些目标、理想之类的观念，只要方法得当，孩子大多能够接受。

我就曾认识这样一位家长，在帮助她 3 年级的女儿树立理想之后，女儿表现出了明显的主动性：

女儿茵茵 1–2 年级的时候，学习从来都是我催着，浑浑噩噩的，一点主动性都没有。暑假的一天，家里的电脑坏了，茵茵的表哥过来帮忙修，看着表哥三下两下把电脑修好了，女儿羡慕地说："表哥真厉害！"

看着女儿一脸神往的样子，我趁机道："茵茵长大也能像表哥一样，做一个 IT 工程师啊！"

女儿似乎对 IT 工程师这个称呼很感兴趣，歪着脑袋想了想，笑

道：“我也要做 IT 工程师。”

“那茵茵从现在开始，就要好好学习了哟！”我打铁趁热又说。

“嗯，我知道了，我要好好学习，做 IT 工程师。”女儿一本正经地点点头。

从那以后，女儿每天放学回家都不用我再催促，就会主动去学习。

看到这位妈妈的例子，家长们是不是明白什么了呢？当孩子心中有一个梦想，学习才会更有动力。在她追逐梦想的过程中，她就会越来越明白，她到底在为什么学，也就会更加主动起来。

生活中，我们都有这样的体会：为自己设定了一个目标之后，我们往往就会朝着这个目标一往无前，干劲儿十足；当生活失去了目标，我们则往往会过得比较混沌和迷茫。

正因为如此，家长帮助孩子树立一个目标或理想才显得至关重要。

当然，家长在帮孩子树立理想或目标的时候，还要注意这样两点：

第一，家长帮助孩子树立目标或理想的出发点是孩子的兴趣、爱好，只有从兴趣、爱好出发才能保证孩子对理想或目标保持持久的热情。

第二，家长要注意，不要一厢情愿地为孩子树立理想和目标。家长强加给孩子理想、目标，只会让孩子更加厌烦，认为学习是给家长学的，从而适得其反。

家长能够做到这两点，就能很好地帮助孩子养成主动学习的习惯。

方法二：帮孩子建立自信

在和 3 年级孩子探讨主动学习和被动学习的问题时，有学生向我提出了这样的疑问：

“老师，有父母在身边陪着我们学习，我们碰到问题从来不用发愁，可我们自己学习时总会碰到很多麻烦，这还怎么主动学习呢？”

孩子们这种心理，其实就是依赖、不自信的表现。

因为长期以来，孩子习惯了家长帮忙解决问题，一旦自己独立面对问题的时候，就会不自信、畏惧、被动。就像我在本节一开始提到的学生那样，有妈妈在身边时，每次作业都能得优，没有妈妈在身边时，自己面对问题就六神无主了。

从这一点上说，孩子学习不主动，很大一部分原因就是父母的教育方式出现了问题。是家长的参与过度，让孩子失去了独立思考的能力，孩子在失去独立思考能力的同时，也就失掉了自己解决问题的自信。

看到这里家长们或许会问："如何才能让孩子自信起来呢？"

一位聪明的父亲是这样做的：

在孩子 1~2 年级的时候，一直是我和妻子督促着孩子学习。孩子上 3 年级之后我发现，他对我们的依赖越来越严重，经常是没有得到我们肯定的暗示就不敢接着往下做题。这样下去可怎么得了？意识到问题的严重性，我开始思谋对策：怎么才能让孩子自信起来，不再依靠我们的指点呢？

一天，孩子写作业的时候遇到一道很难的数学题，他想了一会儿，就把作业本一扔，嚷嚷道："什么破题啊，真难！"边说还把目光投向了我。

看着孩子这个样子，我走过去说："什么题啊，难倒了我们的'小机灵'？"看了看题目，我心中有了底，这道题目，孩子用心的话绝对能够做出来，他缺少的只是自信而已，于是我拍着孩子的小脑袋说："这道题怎么可能难倒我们的'小科学家'呢，再仔细想想，说不定就解出来了呢。"

在我的间接表扬下，孩子觉得不好意思了，重新拿起作业本思考起来，果然，很快就想到了解题的思路。

其实，很多时候孩子不自信，并不是因为孩子真的不会解某道题目，他缺少的只是一个肯定。3 年级正处在小学阶段重要的转折期，孩子对这个世界充满了好奇和怀疑，这其中就包括对自身能力的怀疑。这时候,家长的赏识教育往往能起到意想不到的成果。

方法三:给孩子找一个竞争对手

一位家长曾这样跟我说起过自己的女儿:

女儿上小学 3 年级的时候,学习非常消极被动,经常是放学就玩,我们不管她,她就不知道自己学习。

看着女儿一脸无忧无虑的样子,我心里却开始着急了,3 年级对孩子来说,是多么重要的一个阶段,孩子要是在这个阶段不能养成主动学习的习惯,那么今后的学习生活无疑会非常被动。

这位家长的担心不是没有道理,孩子的学习习惯在 3 年级阶段已开始初露端倪,在这个时候,家长如果不能及时帮助孩子养成主动、积极的学习习惯,那么对孩子今后的学习生活来说,确实是非常不利的。

既然如此,家长该怎么做,才能让孩子主动起来呢?

我的一位朋友是这样做的:

周末的一天,邻居带着自己的女儿欢欢来我家做客,欢欢学习成绩不错,懂的知识也不少,我和邻居交谈过程中,欢欢时不时就能插上几句。看着我们几个聊得火热,我的女儿露出了好奇、羡慕的神色,看得出来她对我们聊的话题很感兴趣,但就是插不上嘴。

邻居走后,女儿闷闷地跟我说:"妈妈,欢欢怎么知道那么多东西啊？"

我趁机道:"欢欢平时看了好多书呢,宝贝儿要是也看那么多书,也就知道那么多东西了。"

女儿听了我的话,低着小脑袋似乎在思索着什么,然后一本正经地点点头说:"嗯,我也要知道很多东西,我也要看书,我要比欢欢懂得还多。"

从那以后，女儿果然开始很努力读书、学习，事事都要跟欢欢比，学习的主动性也强了很多。

在前面我们说过，孩子 3 年级的时候，其自尊、自我意识已经开始萌芽，他们强烈地需要得到别人的肯定和认可。就像我朋友的女儿一样，当她看到同龄人欢欢能和大人们一起聊天的时候，心中肯定也渴望自己能像欢欢一样，融入大人们的世界。朋友在这个时候适时对孩子加以引导，激起孩子的好胜心、竞争心，这样孩子就能自动自发地去学习，主动得多了。

当然，家长在这样做的时候，一定要注意分寸，不要因为刺激过度让孩子产生自卑或者嫉妒心理；竞争对手的选择也一定要和孩子水平差不多，不要选择和孩子相差太多、让孩子觉得高不可攀的人，否则只会挫伤他的积极性。

八 孩子自我意识的飞速发展期

在《小学生心理学》一书中，对小学生的心理有这样的描述："小学阶段，孩子在各方面都是似懂非懂的，他们总是觉得自己长大了，可以自己决定很多事情，所以很多事开始不听家长和老师的，只是按照自己的想法行事……"

在担任小学3年级班主任期间，我也真切地感受到这个说法的科学性：

他们容易激动、冲动，常为一点小事面红耳赤，而且情绪变化极大；

他们有了强烈的自我意识，别人不经意间触犯了他，也会引起他极大的反感；

他们开始滋生不稳定的学习情绪，对学习忽冷忽热，甚至产生了厌学情绪。

孩子们身上为什么会出现上述种种情绪特征呢？

在为3年级孩子召开的主题班会上，我听到了孩子们这样的心声：

"我知道自己该做什么、要怎么做，可是爸爸妈妈总是在我面前唠唠叨叨，仿佛我什么都不懂似的，真烦！"

"爸爸妈妈总是说我这也不好，那也不好，那我干脆就什么都不做好了！"

随着自我意识的萌芽，3年级阶段的孩子往往比较敏感、叛逆，家长一句话不如他们的意，就可能会引发一系列的连锁反应。不明白孩子心理发展特征的家长，在面对孩子的种种表现时，往往会采取不理

解和粗暴的态度，呵斥教训孩子，指令式命令孩子。结果，家长的这种教育方式，不仅不会让孩子乖乖听话，还常常会收到相反的效果：孩子更加叛逆了，更加不听话了。

很多家长对此不解，这到底是怎么回事呢？

3年级，也就是孩子10岁左右，他们的自我意识开始慢慢觉醒，他们对事物有了自己独特的观点和看法，他们往往比较偏执和任性，认为只有自己才是正确的。这种过度的自我意识，导致孩子在学习生活中，一旦得不到别人的认可，情绪便很容易波动，注意力很容易被自己的想法分散，这也就造成了这个阶段的孩子各方面都起伏不定、时好时坏。

然而，3年级作为激活孩子一生的关键期，却也是利弊共存，既存在孩子出现种种情绪波动的现象，也是家长们塑造孩子良好品性、引导孩子积蓄力量应对高年级学习生活的关键期。

方法一：认同孩子的感受

在和许多3年级孩子的家长交流的过程中，我最常听到下面这些话：

"我就不明白，3年级的知识真有那么难吗？怎么我家那个小丫头总是说难呢？"

"儿子这次考试又没有考好，我们一说他，脾气比我们还大，真不知道这孩子脾气从哪来的！"

"我不让孩子看课外书是为了他好，怎么这孩子就是不能理解我呢？"

的确，作为家长总是觉得孩子不理解自己。但如果我们换一个角度想想，家长对孩子的想法、行为就理解了吗？没有吧？既然家长不能理解自己的孩子，还怎么让孩子去理解你呢？

想要孩子能够理解你，按照你的意愿来做，作为家长，就要先认同孩子的感受。

就拿上面例子中家长的话来说，家长认为小学 3 年级的知识没有那么难，但家长若是站到孩子的角度想一想呢？一个 10 岁左右的孩子，忽然面对一下多起来的知识、难起来的科目，产生畏难情绪也就在所难免了吧？孩子考试没考好，心情本来就已经很糟了，这个时候，家长还要继续训斥他，他的心里会怎么想呢？

如果我们站到孩子的角度去看待问题，就会发现孩子的行为和思想并不是无缘由的。明白了这一点，家长在和孩子沟通的过程中，认同他的感受，从他的感受出发给他讲道理，往往就会收到不错的效果。

一位家长按照我的意见跟孩子交流之后，无限感慨地说：

明白这个阶段孩子的心理特征，对教育孩子来说真的非常有帮助。以前和孩子说什么，孩子总是很不耐烦。自从我试着站到孩子的角度看问题之后，我发现再和孩子交流就简单得多了。就拿前几天的事儿来说，儿子军军拿着做不完的数学题向我抱怨道："爸爸，怎么我总是做不完这些题目？真烦！"看着儿子一脸无精打采的样子，我走到他身边，耐心地说："哦？让爸爸看看。"接过儿子手中的书，我略略看了一眼："嗯，数学题是有些多，不过爸爸相信军军能够将这些问题一个不留地消灭掉，是不是呢？"儿子看着我信任的眼神，小脸有些激动："嗯，爸爸，我会努力把数学题消灭掉的。"

很多时候，孩子向家长抱怨什么或者说什么，他的目的或许只是单纯地想从家长那得到鼓励、安慰和支持，如果家长不能够理解孩子的心思，而对孩子的抱怨斥责、反感，无疑就会让孩子敏感的心里产生这样的想法：爸爸（妈妈）是不理解我的。孩子一旦产生这样的想法，就会觉得自己很委屈，在这种情绪的影响之下，就可能对家长的行为、言语产生反感，和家长对着干，更加不想学、不爱学。

例子中的家长做得就很好，在孩子抱怨数学题目多的时候，他没有指责孩子偷懒，也没有盲目地纵容孩子不去写，而是在认同孩子的

基础上，给予孩子鼓励和支持，认可他的能力，这样，孩子心里萌发的自我意识得到了很好的满足，也就有了坚持下去的动力。

方法二：不要再吓唬孩子

家长们都有这样的经验：

当孩子在1～2年级的时候，很乖，很懂事，家长对他说什么，他就会听什么，有时候孩子不听话，家长一吓唬他，他就会老老实实地去做。但到了3年级，孩子们身上开始出现明显的不合作行为。比如，家长如果对孩子说："完不成作业不准出去玩。""不好好看书，不准看电视！"孩子常常是抱着无所谓甚至挑衅的态度。

很多家长对此不解，孩子们为什么会发生这样的变化呢？

家庭教育专家认为，这和孩子所处的年龄阶段有着一定的关系。3年级，也就是孩子10岁左右的时候，他们的自我意识已经开始萌生，具备了一定的理性思考能力。在这个阶段，孩子懂得了很多，对父母或其他长辈的话开始进行独立思考，面对家长的吓唬，他们甚至想试试自己的做法会带来怎样的结果，从而就有了对成人"权威"进行挑战的想法。

我所熟识的一位家长就曾这样说起过自己的儿子：

上3年级之后，儿子新新像变了一个人似的，总是和我对着干。比如，我说让他先写作业，写完再看电视，他偏不，非要看完电视才去写作业；比如，我告诉他放学早点回家，要不就不准吃饭，他偏要玩到很晚才回来……为此我可没少揍他，怎么他就是不改呢？

看这位家长的样子，似乎也是为孩子费尽了心机，但我却不得不说，这位家长的教育方式是大错特错了。3年级的孩子，他们已经具有了极强的自我意识、叛逆意识，当家长再采取以前的"威逼"方式吓唬孩子时，不仅不会让孩子感到害怕，相反，他们还会对"权威"产生一定的质疑:我就是不按你说的办,你能怎么样?

所以,家长吓唬孩子想要孩子好好学习的方式,在这个阶段已经不管用了。既然如此,家长该怎么做,才能让孩子重新爱上学习呢?

我所熟识的一位家长是这样做的:

女儿媛媛1-2年级的时候,有时候不好好学习,我们吓唬她两声,她就会乖乖去学习。进入3年级之后,女儿变得越来越不合作,常常和我们唱对台戏,越是让她怎么样她越是不怎么样。看着女儿好像忽然之间变了个人似的,我明白,以前那种教育方式不会再起作用了,于是,我开始改变策略。

一天下午,女儿放学回家扔下书包就开始看电视,我没有像往常一样大发雷霆,而是该干什么干什么。转眼电视看完了,该睡觉的时候也到了,女儿这时候才着了急,气急败坏地跟我说:"妈妈,你怎么不叫我写作业呢?"

我很自然地说:"写不写作业是你自己的事,跟我没关系。"

女儿听我这样说,吃了一惊:"妈妈,你不管我了吗?"

我点点头,郑重地告诉她:"对,妈妈以后不会再管你学习的事了,学不学、学得好不好,都是你自己的事。"

结果那天晚上,女儿写作业写到很晚,有了这次教训,女儿再也不用我催着写作业了。

仔细想想确实如此,很多孩子之所以不喜欢写作业,不喜欢学习,父母越吓唬他就越和父母对着干,就是因为父母的态度让他产生了这样的错误认识:学习是给父母学的。所以,要想让孩子爱上学习,父母就要改变一下教育的方式,用你的行动告诉他,学习是他自己的事,学得好不好影响的都是他自己。意识到了这一点,已经具备一定自尊意识的孩子就会把学习当成自己的事,认真对待起来。

方法三：呵护孩子的"自尊"——多说优点，少讲缺点

在 3 年级，孩子自我意识觉醒的一个很重要的表现，就是具备了极强的自尊意识：

他们不喜欢家长对别人说起自己的不足；

他们不喜欢受到批评；

他们不喜欢别人拿自己和优秀的人比较。

这阶段的孩子心理往往特别敏感，我们不经意的一句话就可能引起他们的强烈不满。

我的亲戚就曾这样跟我抱怨道：

一上 3 年级，我家那个孩子跟变了个人似的。以前说他什么，他都老老实实听着，现在你再说他什么，他能立马就跟你翻脸，也不管是什么场合就跟你大闹一通。前些日子，同事来家里做客，言谈间谈到了孩子的成绩，我只不过是谦虚地说了说孩子成绩不算好，这孩子就好几天没理我。

像亲戚这种情况，相信很多家长都曾经历过。孩子为了一点"鸡毛蒜皮"的小事就会跟家长发一顿"无名之火"，跟家长冷战、不合作……其实，孩子之所以会出现这样的情况，就是因为他已经具有自尊意识，当家长无意之间伤害了他那小小的自尊，孩子就会采用自己的方式来进行反抗。就像我亲戚的例子一样，亲戚说孩子成绩不算好的时候，可能亲戚自己没觉得什么，但对孩子来说却收到了这样一个信息：爸爸对我是不满意的。当孩子心里产生这样的想法时，对家长采取一些抵触情绪也就在所难免了。

深一步探究，孩子的抵触情绪也并非没有缘由：3 年级阶段的孩子有着强烈的证明自己的欲望。这就造成了孩子行为的两个极端：当他不能够以绝对优秀吸引家长的视线时，就可能会采取捣乱、不合作的方式来吸引家长的视线。

明白了这一点,家长在教育孩子的时候就要注意把孩子导向优秀的一端,而不是促使他走向恶劣、不合作的边缘。

具体来说,家长该怎么做呢?

面对孩子在 3 年级时忽然的"自我",一位聪明的妈妈是这样做的:

女儿小静上 3 年级后似乎特别在意我们对她的看法,常常会因为我们无意间说过的一句话而沉默好久。发现女儿这一情绪变化后,我和老公开始寻找症结所在。咨询了一些教育专家之后,我们了解到,女儿出现这样的情况,就是因为在 3 年级这个特殊阶段,孩子的自我意识开始萌芽,孩子内心特别敏感。

知道了这些,在日常和女儿接触过程中,我和老公就很注意呵护女儿的自尊心,比如,家里来客人,谈起孩子的时候,我们不像大多数家长那么谦虚着说自己的孩子不行,而是真心地赞美孩子,认可孩子的能力……当我们这样说的时候,女儿虽然会脸红,但我们都能看出来,对于我们的肯定女儿十分高兴,做事情的积极性也高了许多。

3 年级的孩子已经明白了很多事情,家长说过的话,往往能够对孩子产生非常大的影响。也正是从这个意义上说,家长在日常和孩子接触过程中,注意呵护孩子的自尊,保住孩子的"面子",对孩子的学习与生活来说,都有着异常关键的作用。

第 一 章

3年级孩子的父母,必须提前知道和做到的那些事儿

在和 3 年级孩子的家长接触过程中，我了解到，家长们普遍都知道 3 年级对孩子来说非常重要，但对在这一阶段自己究竟该做些什么却了解甚少。

的确，随着孩子升入 3 年级，课业压力增大，学习内容增多，家长对孩子的管教也越来越严。我们也经常能够看到家长对着孩子耳提面命，苦口婆心地念叨着让孩子"好好学习""好好读书"……

然而，事与愿违，孩子在 3 年级常常会表现出一系列让家长头疼的行为：

孩子不喜欢家长总是对自己唠叨不休；

孩子不喜欢被家长督促着写作业；

孩子成绩开始起伏不定；

孩子做什么事都是 3 分钟热度；

孩子常常因为粗心大意失掉不少分数；

……

孩子为什么会出现这样的情况呢？就在于家长不知道作为 3 年级孩子的父母应该知道的那些事儿，家庭教育工作没有做到位。3 年级，正是孩子自我意识觉醒的时期，情绪变动较大，虽然已经开始有一些分析问题能力和理性思维能力,但家长若是引导不当,孩子在学习和成长的道路上很可能就会走上弯路甚至误入歧途。

明白了问题的严重性,或许有的家长会问:"作为3年级孩子的父母,到底应该知道哪些事儿呢？"

我和几位教学经验丰富的教师,总结了下面几点:

家长应当知道的第一问题:孩子的成绩为什么提升不上去?

家长应该做到的第一件事:"六不要"。

家长的第一要务:让孩子感觉到学习是一件快乐的事情。

洞察孩子的几个危险信号。

多与孩子进行交流。

只有家长真正了解孩子的所思所想,才能走进孩子的内心,得到孩子的认可,从而在培养、教育孩子的时候,避免犯一些错误,避免造成不可弥补的损失。

一 家长应当知道的第一问题
——孩子的成绩为什么提不上去

周末的时候，亲戚打电话向我抱怨："我家孩子回家老老实实做作业，老老实实看书，怎么成绩就是提不上去呢？"

听着亲戚焦急的声音，我问了他这样一个问题："孩子成绩总是上不去，你跟孩子的老师沟通过吗？"

亲戚顿时被我问得哑口无言。

不用说，这个工作，他肯定是没做。

家校教育的重点就在于家庭教育和学校教育相结合，家长和老师的沟通也就成了其中非常重要的一环。家长忽视这样一步，在教育孩子的时候就会比较盲目，所取得的成效自然也就不明显。

在多年教学过程中，有很多家长问过我这样的问题："我们是想和老师沟通，但我们和老师沟通，都该了解哪些问题呢？"

我认为，首先要了解的一个问题就是：孩子的成绩提不上去，原因在哪里？

日常和家长接触过程中，我听到最多的声音就是抱怨孩子成绩差，抱怨孩子不好好学习，可是很少有家长好好跟老师去了解一下，孩子为什么成绩差，为什么不好好学习。不问缘由，只看到结果，就对孩子横加指责，几乎是家长们的通病。

就像我亲戚一样，总是看到孩子成绩提不上去，可是为什么提不上去，他却一直不曾跟老师沟通过。不明原因的抱怨，只会产生两种结果：孩子自卑、孩子逆反。

这两种结果,无论哪一种对孩子今后的发展来说都非常不利。孩子一旦产生自卑心理,就会对学习更加没有信心,没有兴趣,成绩也就更加提不上去了;孩子产生逆反心理,不爱学,不愿学,也就离优秀的行列越来越远。

所以,作为家长,当孩子成绩提不上去时,你首先要做的就是向老师了解原因所在,对症下药,而不是一味地抱怨或指责孩子。

那么,孩子成绩提不上去,究竟有哪些原因呢?作为家长,又该如何对症下药,解决问题呢?

根据多年教学经验,我总结了以下几个方面:

方法一:诊断"上课注意力不集中"

在给3年级孩子上课过程中,我发现这样一个现象:大多数孩子上课能够紧跟老师的思路把一堂课听下来,但总有那么几个孩子,会不时地走神、跟人说话、或者摆弄文具、搞小动作……这样的孩子成绩大多不是很好。

原因很简单:上课注意力不集中,不能紧跟老师的思路,也就不能掌握老师所讲的课堂内容,知识不能及时掌握,也就不能运用知识解决问题,成绩不好也就在情理之中了。

一位3年级家长对此感触颇深:

我的儿子晓东上课的时候总是心不在焉,一会儿摆弄摆弄转笔刀,一会儿翻两下课本。不仅如此,平时我让他干点儿什么事,他也总是坚持不了几分钟,注意力就会被其他的事情吸引。孩子这个样子,还怎么可能学得好呢?

要我说,这位家长该庆幸才是,因为他能够及时发现问题。实际生活中,大多数家长虽然也见惯了孩子坐不住、不安分、爱动动这儿摸摸那儿,却从来没有把这些症状归结到孩子注意力不集中这个问题上。

没有意识到这一点，家长就不会想到孩子的学习效率差，成绩提不上去就是因为注意力不集中，在帮助孩子提升成绩的过程中，就要多走许多弯路。

看到这里，家长们也许会问："既然如此，我们该怎么做才能帮助孩子纠正上课注意力不集中的问题呢？"

一位家长是这样做的：

当我得知孩子上课总是注意力不集中的时候，我想到了这样一个办法：和孩子的老师深入沟通了一下，让他在课堂上多提问一下孩子。一段时间后，孩子上课走神的情况便得到了极大的改善，注意力也慢慢集中起来，成绩也明显提高了。

这位家长的话很有道理，很多孩子之所以上课注意力不集中，很大一部分原因就是不能跟着老师思路走。所以，要想纠正孩子上课走神的现象，家长不妨先和孩子的老师沟通一下，请老师在课堂上多关注、多提问孩子，让孩子积极参与到课堂互动之中去，当孩子在课堂上体验到了学习的快乐，也就能够把注意力集中起来，认真地听课，成绩也就能慢慢提上去了。

方法二：扫描"学习粗心"

3年级一次月考过后，一位学生家长找到我，非常不解地问："我女儿平时学习很努力、很用功，怎么一到考试就考成这样呢？"

看着这位家长满面焦急的样子，我找来这位学生的试卷，给他看了看。

一看之下，这位家长恍然大悟："这些题，她都会做的呀，怎么都做错了呢？"

其实会做的题做错，在学生身上并不新鲜。究其根源，就在于孩子学习粗心。

拿我班上一个男孩来说：

男孩小宁很聪明，每次老师讲什么内容，他都能在最短的时间内掌握，可是每次考试，他都不能拿到满分。问题出在哪里呢？

一次数学测验之后，我找来了这个男孩，问他："6乘以8等于几？"

男孩脱口道："48呀！"

我这才拿出他的试卷给他看，这个男孩一看之下幡然醒悟："我怎么会写成47呢？还有这里，6乘以7明明等于42，我怎么写成43了呢……怪不得我总是不能拿到满分……"

在我的教学生涯中，这种因为"粗心"造成了失分的现象很常见。然而，对这种失分，孩子们常常是浑然不觉。其中的关键，就是孩子们对这些常犯的错误已经形成了"粗心点"，也就是说，孩子们潜意识里认为自己不会在某地方犯错误，一旦做到某个地方的时候，思维就会自动跳过，不会多作思考，结果也就造成了本来会做的题目，因为大意做错了。

面对这种情况，家长该如何帮助孩子纠正呢？

一位聪明的爸爸是这样做的：

在发现女儿欣欣在学习上粗心大意之后，我开始寻找应对的方法。听了一位教育专家讲课，我知道孩子之所以会粗心，是因为孩子思维之中存在一个"粗心点"。想要孩子杜绝粗心的毛病，就先要把这个思维的"粗心点"给扫掉。

于是，我给女儿出了一个招儿：找到自己的"粗心点"，面对"粗心点"的时候让思维停顿3秒，给自己一个充分思考的时间，扫除"粗心点"。

听了我的意见，女儿在做题的时候，总会让自己的思维停顿片刻，然后再仔细审题。这样坚持了一段时间，女儿粗心的毛病真的慢慢改掉了。

事实上，只要家长能够帮助孩子找到这个"粗心点"，教给孩子在

面对"粗心点"时，思维进行短暂的停滞，让自己有意识地重新审视这个"粗心点"，就能有效避免犯一些经常犯的错误，渐渐克服学习粗心的毛病。

方法三：杜绝"小聪明"

在一次3年级教师交流会上，有教师这样总结3年级孩子成绩提不上去的原因：耍小聪明。

这类学生一般都比较聪明，他们上课也会认真听讲，偶尔也会响应老师的提问，但他们会犯这样一个错误：自认为很聪明，不去做课下工作，比如，不喜欢写作业，不喜欢做练习，自认为上课听讲了就万事无虞了。这类学生常常比上课注意力不集中、学习粗心的孩子更让人头疼。

我的邻居就曾经这样说起过自己的孩子：

"别人都说我的女儿盈盈非常聪明，女儿在1-2年级的时候，也确实没有让我们失望，别人急急忙忙做作业、看书、复习时，女儿一直在玩，可女儿每次总能考到年级前几名。可一上3年级，情况全变了，女儿虽然还是那样学，但成绩却开始一路下滑……"

听到邻居这样说，我只说了一句话："3年级不同于1-2年级，孩子如果再用以前那种学习方法学习，耍小聪明，就是对自己的学习不负责任。"

前面我们已经多次提到，3年级课业内容相比于1-2年级已经增多了许多，同时课业难度也加大了许多，孩子在课上掌握的知识，若没有一个课下及时巩固的过程，就会掌握得不扎实、不牢靠。孩子在应用这些知识的时候，就会出现一些不必要的记忆混淆，甚至模糊，这也就直接造成了孩子会在一些自认为已经掌握的知识点上丢分。

所以，作为家长，想要提高孩子的成绩，就要帮助孩子杜绝这种

"耍小聪明"的情况。

家长们要怎么做呢？引导孩子在课下多下工夫，夯实基础。

关于这一点，我的一位朋友做得就比较好：

儿子小磊，上3年级之后学习成绩开始下滑，为此我很是纳闷，儿子是个很聪明的孩子啊，老师都夸他脑瓜好用呢，怎么成绩却总是提不上去呢？

后来和儿子的老师进行了一番交流，我才发现，原来儿子在学习的过程中，缺少了课下夯实基础这一环。

明白了这一点，我开始重视儿子的课下复习工作，儿子每天放学做完作业之后，我都会帮忙看看儿子哪里的知识点掌握得不牢固，然后有意找一些与这些知识相关的习题来给儿子练习。这样过了一段时间，儿子的成绩果然有了明显的提升。

小学3年级作为激活孩子一生的关键期，对孩子的影响之巨，超乎我们的想象。在这个阶段孩子学习习惯是好是差，对孩子今后的学习生活也起着至关重要的作用。所以，在这个阶段，家长有意识地帮助孩子夯实基础，完善学习习惯，对于提升孩子学习成绩来说，是非常必要的一步。

方法四：激励孩子的进取心

常听到3年级孩子的家长这样抱怨：

"我家那个孩子一点儿上进心都没有，人家考个八九十分都不满足，我家孩子考到60分就高兴得不行。"

"我家那个丫头也是，考个七八十分就乐得找不到东南西北了！"

听着家长对孩子恨铁不成钢的抱怨，我也为孩子们感到深深的担忧。

容易满足、不求上进，几乎是这个阶段孩子的通病。然而，这样的心态用到学习上来，就会造成孩子成绩的停滞不前，甚至永远提

不上去。

我朋友家的孩子就是一个例子：

朋友家的孩子晓优是个活泼的小姑娘，就是学习不求上进，考个六七十分就心满意足了，朋友开始也没有特别要求孩子，总是认为孩子还小，过多的要求对孩子的发展不利。结果，现在这个孩子不仅成绩一塌糊涂，做什么其他的事，也是得过且过，不求进取。和别的孩子比起来，朋友总感觉自己的孩子身上少了点什么。

无可否认，很多家长都存在着和朋友一样的想法，总认为孩子还小，不认学、不上进是很正常的，长大就会好了。然而，事实上真得如此吗？不是的。

一些教育专家认为：小学 3 年级阶段，是孩子行为习惯渐渐开始形成的时期。在这个时期，如果家长不能帮助孩子树立良好的行为习惯，那么孩子的一生都会受到影响。

进取心，作为一个人获得成功的必要条件，不仅关乎着孩子小时候学习成绩的优劣，更关乎着孩子以后是否有自己的追求、理想。

那么家长该怎么做才能帮助孩子建立进取心呢？

一位聪明的妈妈是这样做的：

当发现女儿婷婷学习不求上进之后，我和老公开始商量对策，最后决定在生活中培养女儿的上进心。

晚饭过后，我们经常会和女儿一起做一些益智游戏，像成语接龙、填字游戏，赢的人就会有一些奖励，比如不用做家务，可以多吃一些水果、零食。刚开始的时候，女儿因为懂的知识比较少总是输，所以总是要承担一定的后果，比如做一些家务、少吃一些好东西。每每这个时候，女儿总是嘟着嘴一脸不高兴，我便故意刺激她："婷婷要想不做家务，多吃好吃的，下次就要赢了我们啊！"女儿听我说这话，气鼓鼓地应道："我下次一定会赢的。"

从那以后，女儿放学之后就躲进书房看书、翻词典。没过多长时间，女儿的词汇量大增，跟我们做游戏的时候便时常能赢，吃着零食，看着我们做家务，女儿心情似乎特别高兴。尝到了赢的滋味，女儿渐渐开始把这股劲儿用到了学习上，半个学期后，女儿的成绩得到了极大的提升……

这位妈妈的做法是非常科学的，当孩子不思进取的时候，家长用做游戏的方式引导孩子慢慢认识到成功的乐趣，孩子就能慢慢产生对成功的渴望，也就能够渐渐形成上进心。当然家长在这样做的时候，一定要注意这样一个细节：不要刺激过度，让孩子一下子就丧失赢的信心，在游戏过程中，时常给她一点甜头，她就不会因为受到打击而轻易放弃，这样一直坚持下来，孩子在学习上就能形成强烈的上进心。

二 家长应该做到的六件事

很多家长跟我抱怨孩子不好好学、不听话、不合作，说孩子难管。面对这样的家长，我常常会毫不客气地说，孩子这个样子，家长应该负全责！

一次，一位家长听了我类似的话表示不解："我们对孩子已经很负责了啊，放学督促他写作业，他要什么就满足他，难道我们这样做还错了？"

听完这位家长的话，我问了他这样一个问题："你是怎么督促孩子学习的？"

这位家长这样回答我："我从来不会因为孩子一次成绩考得好就夸他，从而让他心生骄傲情绪，我总是告诫他，要好好努力，很多人比你考得好多了。"

听到家长这样的回答，我不免失望地告诉他："你不想让孩子骄傲的心是好的，但做法却很欠妥当。"

这是因为，3年级的孩子自我、自尊意识已经非常强烈，他们更加渴望的是家长的夸赞而不是打压。

就拿我邻居家的孩子来说吧：

前些天，我在小区楼下和邻居聊天，正赶上邻居家的女儿小萱放学回来，小萱一看见妈妈，就迫不及待地跑过来说："妈妈妈妈，这次数学测验，我考了95分。"说完满脸期待地看着邻居。我知道小萱这是在等着妈妈的夸奖，可是邻居却不高兴地说："95分，怎么没考100分呢？"一听这话，本来兴高采烈的小萱蔫了下去。

家长或许不能理解孩子盼望肯定的心情，当满心欢喜的孩子被家长一句要求更加苛刻的话泼了满头冷水时，孩子的失望可想而知。这不仅会影响孩子学习的积极性，因为家长的不理解，孩子更可能不愿意跟家长合作、不愿意表现自己，从而变得自卑、消极起来。

所以，作为3年级孩子的家长，仅仅知道一些儿事儿还不够，还要知道自己该做哪些事儿，才能让孩子的学习更加优秀，让他的人生不会因为3年级这个关键期过渡得不好而造成遗憾。

方法一：不要瞧不起孩子

在我班上有这样一个孩子：

孩子叫小军，平时上课总是低着头，不敢积极回答老师的问题，不敢参与到课堂互动中来。有时候，我叫他回答问题，他也是支支吾吾答不上来，自然成绩也一直在低谷徘徊。对此，我很是不解：这孩子以前并不是这个样子的啊，这是怎么回事呢？

怀着这样的疑问，周末我去了小军家，还没进门就听见小军的妈妈气急败坏地训斥孩子："你怎么就这么笨呢？你看看人家小娟，同样是上3年级，人家回回都考第一，你怎么总是考倒数第一！"

听着这位妈妈的话，我终于明白了孩子为什么学习不积极，成绩上不去了。

作为家长应该明白这样一点，孩子的自尊是需要呵护的，如果总是拿孩子去和别人比较，无疑就会让孩子在和别人比较的过程中越来越自卑。就像小军的妈妈，总是拿小军和邻居家的孩子比较，长久如此，在小军的心里就会留下这样的阴影：我很笨，我是学不好的！

孩子一旦产生这样的想法，会有什么后果呢？孩子不再积极地去学习，不再主动地去思考，学习成绩不好也就在意料之中了。

所以，作为家长一定要做到这样一点：对孩子要多一点鼓励，少一点责骂；多一点赞赏，少一点瞧不起。

我所熟识的一位家长就是这样做的：

儿子新新上3年级后，学习压力也随之大了起来，成绩下滑得很快，从班级的前几名掉到了中等水平。看着儿子的成绩一路下滑，我和妻子都很着急：儿子在3年级就出现这样的情况，那以后的学习生活还怎么得了？但我们都知道若是对儿子严加管教，自尊心已经非常强烈的孩子不仅不会跟我们配合，可能还会故意跟我们作对，于是我和妻子商量好，采取"怀柔"政策，鼓励孩子重新取得好成绩。

一次考试过后，儿子拿着成绩单没精打采地回家，准备挨我们的训。然而，我和妻子却并没有责备他。望着一脸担忧的儿子，妻子只说了一句话："新新，妈妈知道你没有考好心里很难过，不过没有关系，我的儿子这么聪明，下次一定能比这次考得好。"

儿子吃惊地看着妻子："妈妈，你不怪我？"

妻子拍着儿子的小脑袋说："新新，妈妈相信你也是想考好的，有这个想法，新新就是好样的，下次就能比这次好，是不是？"

儿子似乎很为妻子的理解感到激动，连连点头："妈妈，我不会让你失望的。"结果，因为我们对儿子的尊重，儿子开始奋起直追，不过一个月，成绩就有了极大的起色。

作为3年级的孩子，已经有了一定的自我控制能力和自尊意识，当家长的理解让他感受到了尊重和满足，他往往就能更加严格要求自己，达到更高的目标。也正因为如此，作为家长一定要记得，不能瞧不起孩子，一定不要瞧不起孩子。

方法二：不要贿赂孩子

在日常生活中，我们常常可以听到家长说这样的话：

"孩子,这次考试考好了,你想要什么,爸爸去给你买!"

"考得不错,奖励 100 块,自己买喜欢的东西去吧!"

每每听到或看到家长这样做的时候,我都会为孩子的未来感到担忧:把学习和物质挂上钩,对孩子来说,并不是一件好事。

或许在家长看来,孩子考得不错,奖励是应该的,但家长在这样做的时候,其实已经向孩子传达了这样一个信息:学习好,要什么就可以有什么,就可以为所欲为。一旦孩子产生这样的想法,那么孩子学习的目的,就不再是单纯的为了取得好成绩,而是加入了一些功利性的东西。

所以,作为 3 年级孩子的家长还应该知道这样一件事儿:不能贿赂孩子。

3 年级的孩子已经有了一定的理性思维能力。对家长的行为和做法,孩子常常会有自己的见解和认识。但因为思维能力还不健全,孩子对家长行为的理解,难免会出现偏差。就拿家长奖励孩子这件事来说,因为家长把奖励和成绩联系到了一起,就会让孩子走进"学习好就有奖励"的认知误区,进而变得庸俗、功利,不追求好成绩,只追求金钱奖励。

一位家长就曾经这样说起过自己的孩子:

孩子成绩一直不错,我们对孩子也就比较宠溺,孩子要什么就给他买什么,谁知道现在,这个孩子还真有点恃骄而宠,不仅动不动就向我们提一些无礼的要求,而且因为自己成绩好,还有点儿目中无人……

看吧!当家长把成绩和物质联系到一起的时候,给孩子造成的影响有多大!

明白了事情的严重性,家长就要采取正确的方式奖励孩子:

那么何谓正确的奖励方式呢?

我所熟识的一位妈妈是这样做的:

　　孩子上小学以后，学习成绩一直不错，但我和老公从来不会把孩子的成绩和物质奖励挂上钩。比如，孩子有一次考试考了年级第13名，虽然我们对孩子这个成绩不是很满意，但孩子的爸爸还是诚恳地夸赞孩子说："好样的，只要再努力一点就可以进前10名啦！"孩子对老公的夸赞似乎十分受用，摇着脑袋说："爸爸放心，我下次一定能考进前10名。"老公笑了笑对孩子说："星期天想去哪玩啊？"孩子想了想说："游乐场。"老公很干脆地说："好啊，咱们星期天就去游乐场放松放松！"

　　这时候，孩子情绪更加激动了，显然他没有想到我们会不在乎他考试成绩的好坏，周末该怎么安排还是怎么安排。当然，从游乐场回来之后，孩子很快就投入到了正常的学习状态，因为我们对他成绩的平淡态度，让孩子没有什么压力，他学习起来也就能够保持一颗平常心，这样没过多久，孩子真的考进了年级前10名。

　　父母的鼓励和夸赞对于孩子来说，往往比任何物质奖励都有用。即使孩子考得好，父母真想要奖励孩子，也不要让孩子察觉出家长的意图，就像例子中的家长一样，自然而然地把话头过渡到周末计划上，让孩子从心里感到无论自己成绩好坏，家长对自己都是非常关心的，是爱自己的。这样，已经具有一定分辨能力的孩子，往往就能够自觉要求自己好好学习，取得更好的成绩，来回报家长的关爱。

方法三：不要对孩子唠叨不休

　　我曾在一个亲子论坛看到这样一篇文章：

　　妈妈早早地起来，一边收拾房间，一边为小强准备早餐。6点半，牛奶、鸡蛋、面包准时端上桌，妈妈就开始一遍一遍地叫小强起床。不知妈妈叫了多少遍，一直到快7点了，小强才懒洋洋地起床。胡乱刷刷牙，抹两把脸，坐到饭桌前用最快的速度对付着这顿早餐。这时，在为他收拾房间的妈妈嘴里还不停地唠叨着:"看看你,老是把哪儿都弄得乱七八糟,让人跟在你屁股后面收拾。每天让你起床都得喊破嗓子才动,早饭都凉了吧?总吃凉饭,还这么狼吞虎咽的,胃要坏的,天天跟你说也没用。要是妈一叫你就早点起来,不就不用这么紧张,也不会老是迟到挨批评了……"

小强对妈妈的话充耳不闻,只顾把吃的、喝的填进肚子,抓起妈妈早已经为他放到客厅沙发上的书包,转身就往外走。妈妈追在小强的身后喊着:"着什么急,就吃这么几口,一上午的课呢,会饿的……哎,上学的东西都带齐了吗? 别又落点儿什么,每天都得让人提醒……"

这就是父母,尤其是中国父母最常见、最可怕的错误——唠叨。

在和很多家长接触过程中,我一直向家长们传达着这样一种思想:不要对自己的孩子唠叨不休。

心理学研究证明:老调重弹,反反复复说同样的话,会让人产生一种习惯性的模糊听觉,也就是明明在听,却根本不往心里去。家长的第一次唠叨,会对孩子产生刺激,孩子在内心深处会有所触动,而家长反复用同一种刺激不断地刺激,就会导致孩子心理反应的弱化,久而久之在孩子心里形成一种心理"惰性",造成心理封闭,所以,家长的唠叨对孩子也就不起作用了。

这一点,我们从上面的例子中也可以看出,妈妈唠叨不休,孩子充耳不闻,孩子对家长的唠叨已经免疫,甚至厌烦。长期这样下去,不仅会影响到家长的权威,更因为孩子对家长唠叨的厌烦,导致亲子关系不和睦,更有甚者,孩子还会因为家长对自己能力的怀疑和不信任,故意和家长对着干。

看到这里家长或许会问:"不让我们说,那孩子任性了、身上有毛病怎么办? "

一位聪明的家长是这样做的:

当我发现女儿不听话或者不配合我做某件事时，我从来不会像别的家长那样唠唠叨叨，而只是告诉她该怎么做，并且只说一遍。比如，不久前的一天中午，女儿不肯睡觉，非要吵着看电视，我告诉她："中午休息一会儿，下午上课才有精神，更何况爸爸正在客厅和客人谈话，所以电视不能开。"说完我就忙别的事去了，等我转身回到客厅时，我发现女儿已经偷偷打开电视看起来了。我严厉地看了她一眼，然后示意她客人正和爸爸说话，女儿不情愿地看了我一眼，乖乖地关上了电视。

看看这位妈妈的做法，家长们是不是明白了什么？对于家长的话，孩子之所以会不听，有两个原因：一是管不住自己，二是对家长的试探。

对于第一种原因，如果家长反复唠叨孩子，只会让孩子从心里产生厌烦，从而干脆和家长对着干，但如果家长给予孩子充分的尊重，用眼神、动作、表情给孩子某种暗示，给予孩子充分的思考时间，已经具有一定理性思维能力的 3 年级孩子，便能够很好地和家长合作。

对于第二种原因，当孩子对家长的话心存怀疑，对家长的话进行试探的时候，家长一定不能退缩，一定要坚定立场，不能因为对孩子的纵容就对自己说过的话忽略不计。当家长用暗示的方法让孩子知道自己的立场之后，因为保全了孩子的"面子"，孩子往往也会和家长配合。

方法四：不要逼孩子答应"下次不敢了"

在小区楼下和邻居聊天的时候，邻居这样说起自己上 3 年级的儿子："你说我这儿子，怎么就这么不听话呢？跟他说过多少次了，不要玩水，可他偏偏不听，每次都把衣服弄得湿漉漉的……"

正这样说着，邻居的儿子满头大汗地跑了过来，一看儿子这个样子，邻居火冒三丈，揪着男孩的耳朵就训："你这孩子怎么这么不听话，又去玩水了是不是？"

小男孩被妈妈吓得一缩脖子："我……没有……"

邻居气道："还敢说谎，你不是答应我再也不玩水了吗？"

小男孩理亏词穷地支吾了一声，挣开妈妈的手跑了。

看着邻居铁青的脸，我无言以对。

逼迫孩子答应自己"下次不敢了"，孩子就真的"下次不敢了"吗？显然不是。

对于孩子来说，许诺是没有任何意义的。就像我邻居的例子一样，男孩许诺就是因为在家长的逼迫之下，不得已而为之。他一旦逃离了家长的视线，他所许下的承诺，也就随之被他忘到了九霄云外。

许诺和恐吓是一对难兄难弟，对孩子不会起任何积极的作用。假使碰上敏感的孩子，逼他许诺，反而会使他因再度犯错而感到难过。即使孩子不太敏感，也会使孩子口是心非。

既然如此，家长该如何对待犯了错的孩子呢？

一位聪明的爸爸是这样做的：

儿子龙龙上3年级之后，变得非常任性和自我。前段时间，儿子迷上了玩游戏，经常是玩得不知白天黑夜，成绩随之下降了一大截。为此我非常想狠狠地教训他一顿，让他说"下次不玩了"。可我知道，这样做并不能达到我想要的效果。

于是，我采取"迂回策略"，先跟儿子玩成一团。他玩游戏，我陪着玩，和他一同研究过关技巧……很快儿子就把我当成了他的知心玩伴，于是，有意无意地我就会跟儿子说这样的话："龙龙可真聪明，这劲头要用到学习上，肯定能拿前几名！"

儿子听我这个"玩伴"这样看得起他，似乎有些意外。从那以后，儿子真的开始有意识地约束自己玩的时间，成绩也真的有了一定的提高。

的确，如果你硬要孩子丢开他正做着的事，听你的话，他肯定会很不乐意，甚至还会因为家长不问缘由、硬性阻止自己感到委屈，在这种情况下，已经有一定的分析能力的3年级孩子，可能会"委曲求全"地

答应家长的要求，但绝不会心甘情愿地按照家长的要求去做。所以，这种情况下，家长逼迫孩子答应自己"下次不敢了"，是非常错误的。例子中的爸爸做得就很好，先是和孩子站到同一个角度，让孩子知道家长是理解他、尊重他的，孩子感受到了家长的理解和尊重，也就会和家长配合，按照家长的要求去做了。

方法五：不要强迫孩子立刻盲目地服从

在朋友家做客的时候，朋友自豪地说起自己的孩子：

都说 3 年级的孩子不听话，可是我家的孩子却是最乖巧的一个。我让他做什么，他就乖乖去做什么，从来不会和我顶牛。

听朋友这样说，我不禁开始担心：家长说什么，孩子就做什么，这样的教育方式，对孩子的发展来说，真的好吗？

我看不见得。在朋友说这话的时候，我曾留意观察了一下在一旁看电视的孩子，发现这个孩子没有任何反应，并没有因为妈妈的话感到自豪，甚至还有些麻木。

孩子会有这样的表现，其实在我的意料之中。3 年级的孩子已经具备了很强的自我意识，在这个时期，家长如果还是用 1~2 年级时命令式的手段教育孩子，就可能会引起两种截然不同的后果。一是孩子对家长的"命令"越来越不满，对家长的话不配合，叛逆、顶牛，和家长对着干；二是孩子屈服于家长的命令，变得顺从、乖巧，逐渐失去自己的个性、主见。

这两种情况，无论是哪一种，对孩子今后的发展来说都是非常不利的。

我就曾教过这样一个学生：

这个学生名叫小菊，是一个非常安静的女孩，学习成绩也还算不错，就是干什么事情都没有自己的主见，别人不吩咐她，她自己就不知道该干什么。就拿班级大扫除来说，本是一件非常简单的事情，别人都忙得热火朝天，她却呆呆地站在一旁，等着别人来安排她去做什么，她才知道做些什么。

孩子才 3 年级就这样没有主见，什么事情都等着别人来吩咐，那孩子今后的学习、生活会怎样也就不言自明了。这样的孩子在家长、老师的帮助下，固然可以保持一个不错的成绩，然而，一旦脱离了家长或老师的帮助，他们就会变得迷茫，不知道该怎样学、学什么；这样的孩子在别人的安排之下，还知道能做些什么，一旦失去了别人的帮助，也就会不知所措了。

正是从这一点上说，作为家长务必要切记这样一件事：不要强迫孩子立刻盲目地服从他人，留给孩子一定的自主空间，只有这样，才能保证孩子不会因为别人的要求、看法不同，而失去自己的主见。

对此，一位妈妈这样介绍经验：

在教育儿子小军的过程中，我从来不会强迫孩子立刻服从我，我会给他一个调节的时间。比如，孩子正在房间里搭积木，而我们要开饭了，我就会这样告诉他："小军，快到吃饭时间了，你该出来吃饭了！"

孩子玩在兴头上时，常常会非常不情愿，有时候还会不高兴地抱怨："妈妈，我非要现在出去吗？"

我故作轻松地告诉他："10 分钟后开饭，你可以再玩一会儿，但 10 分钟之后，我们可就要吃饭了！"

孩子想了想，告诉我："妈妈，我 10 分钟后出去，我再玩一会儿！"

这个时候，我往往就不会再多说，不过，值得高兴的是，孩子常常能够自觉地履行自己的承诺。

当孩子正做某件事在兴头上时，你让他丢开正做的事，听你的话做别的事，他一定会很不乐意。父母应事先提醒孩子，等一会儿要他做什么，就像例子中的妈妈一样，告诉孩子一会儿要吃饭，同时允许孩子

在服从命令之前有稍作抱怨的自由，这样既呵护了孩子的自尊，又有利于培育出独立、拥有自我调节能力的人。

方法六：不要纵容孩子

与强迫孩子服从的家长相反，在实际生活中，还有这样一类家长：他们在对待孩子的问题上，往往比较"开明"，孩子想要怎样就怎样，给孩子充分的自由，有时候甚至到了纵容的程度。

一位3年级孩子的家长就曾经这样跟我说：

"不是说3年级的孩子自尊、自我意识都很强了么？我们这样做也是尊重孩子啊！"

听到他说这样的话，我不得不遗憾地告诉他："你这种教育孩子的方式不是尊重孩子，而是在害孩子。"

家长们可以想一想，对于刚刚具有一定自尊、自我意识的孩子来说，家长无限制地纵容孩子，孩子心里会怎么想？他就会渐渐把自己摆到中心地位，什么都以自己的感受为出发点，任性、自我，从而变得不合群。

这样的结果，无论是对孩子的学习，还是对孩子今后步入社会生活来说，都是非常不利的。孩子迟早会长大成人，走上社会，在家中习惯了家长的纵容，在外面一旦碰到一点挫折，他业已形成的强烈自尊就会受不了，情绪失控，甚至还可能做出傻事。

在和一些资深教育专家交流的过程中，我发现，他们也持有这样一种观点：那些被家长纵容的孩子，心理承受能力往往要脆弱得多，他们大多经不起大风大浪，不能独立面对生活。

也正因为如此，在和3年级家长交流过程中，我一直告诫家长这样一点：在家庭教育中，家长一定不能纵容孩子，纵容孩子不是爱孩子，而是害孩子。

我所熟识的一位家长就深谙这一点，在教育孩子的过程中，她是这样做的：

　　女儿彤彤上 3 年级之后，自我意识开始萌芽，很多时候非常任性。就拿周末吃饭这事来说，她一看见餐桌上没有她喜欢的菜，就开始不高兴了，闷闷不乐地跟我说："怎么没有我喜欢吃的菜啊？我不吃了！"看着女儿开始耍小性子，我没有理睬她，只是告诉她："妈妈做这顿饭，花了不少工夫，而且饭菜准备好了，妈妈也不准备再换。"看我没有理睬她，彤彤更是委屈了，小嘴一瘪，哭了起来。我故意不去看她，平静地吃着饭，女儿哭了一会儿，见我还是不理会她，知道哭下去是没有用了，乖乖地端起饭碗吃起来。

　　这位家长的做法，就很有可取之处。在对待孩子任性、自我的问题上，家长有时候就需要心肠硬一点，让孩子明白家长的底线，让孩子清楚地知道，有些事情并不能够全凭她的意愿。已经具备一定理性思维能力的 3 年级孩子，明白了这些，在做事的时候，就能够懂得趋利避害。就像例子中的孩子一样，当家长告诉她，不准备再做别的饭时，她也就不会再固执己见。

二 家长的第一要务——让孩子感觉学习是件快乐的事情

很多3年级孩子的家长曾经向我抱怨：

"孩子上了3年级，怎么就看不见他们的笑脸了呢？整天愁眉苦脸，像是受了多大委屈似的！"

"3年级的课程就那么难吗，孩子怎么整天跟我说'烦死了'？"

孩子为什么会愁眉苦脸，为什么会说"烦死了"呢？

让我们来听听这些3年级孩子的心声吧：

"一回家就让我学习，一进门就让我看书，爸爸妈妈是真的想累死我啊！"

"整天除了看书就是看书，爸爸妈妈嘴里就没有别的词儿，烦都烦死了！"

"看书，学习，学习，看书，这日子，什么时候是个头儿啊？"

还只是3年级的孩子，居然已经发出这样的声音，孩子对学习的厌烦已经到了什么程度，由此可见一斑。

或许有的家长会为此叫冤："我们这样做也是为了孩子好啊，他如果不好好读书，怎么能够取得好成绩，怎么能有好的未来呢？"

无可否认，家长的话有一定道理，其出发点也是为孩子好，但是方法不对头，也就难以取得满意的效果。就像我刚开始说的那样，家长一个劲儿地催促孩子学习、看书，在无意间就向孩子传达了这样一种思想：学习是一件辛苦的事。当孩子被这样的思想包袱所累，还怎么可能会爱上学习？怎么可能会成绩好？

基于此，作为3年级孩子的家长，第一要务就是让孩子感觉到学习是一件快乐的事,让孩子自主自发地去学习,而不是消极被动、服役似的去学习。

一位聪明的家长因做到了这一点,可谓是受益颇深:

女儿晓君升入 3 年级之后,课业压力变大了,渐渐出现了厌烦的情绪,似乎学习是一件很痛苦的事情。看到女儿这样的表现,我是暗暗心急。怎样才能让女儿爱上学习、快乐学习呢?

一天放学,女儿刚进家门,我就虚心求教孩子:"晓君,最近妈妈碰到一个问题,你帮妈妈解决一下好不好?"

女儿一脸不解地看着我:"妈妈都解决不了的问题,我能解决吗?"

我点点头:"晓君刚刚学过这些东西了,一定能帮助妈妈的。"看女儿迷惑地看着我,我拿出一张简单的英文说明书问:"帮妈妈看看这个单词是什么意思?"

女儿半信半疑地凑过小脑袋,"water,水!"女儿眼睛一亮,很自信地告诉我。

我"恍然大悟"道:"哦,原来是这个意思啊!"

女儿看我一脸高兴的样子,似乎也为自己能够帮到我感到自豪,小脸慢慢涨红了:"妈妈,原来学习英语有这么大的作用呢……"

我赶紧附和道:"是啊,所以晓君要好好学习,以后妈妈还有很多问题会请教你呢!"

看我对她如此重视,女儿郑重地点点头。

与其干巴巴地对孩子说教,不如让孩子自己领会应用知识解决问题的乐趣,当孩子在运用知识的过程中,享受到了知识带给她的好处,也就会慢慢爱上学习,就像例子中的妈妈一样,虚心向孩子求助,当孩子觉得自己能够帮助妈妈解决困难的时候,也就能深刻感受到学习带给她的快乐和满足了。

方法一：还给孩子玩的时间

在和一些 3 年级孩子交流的过程中，孩子们普遍反应了这样一个问题：

升入 3 年级以后，爸爸妈妈对我们管得越来越严格，放学就要我们赶紧写作业、看书、温习功课，一点儿都不给我们玩的时间。整天被家长这样逼着，烦都烦死了，哪里还有学习的心情？

其实，仔细想想孩子出现这样的情绪，也在情理之中。3 年级的孩子，正是自尊意识、自我意识萌芽的时期，这个时期，如果家长总是一味按照自己的意愿来要求孩子，不顾孩子的感受，孩子就会因为家长对自己情绪的无视、忽略，而和家长对着干，更因为自己玩的心愿得不到满足，做事情的时候马马虎虎、精力不集中。

关于这一点，我所熟识的一位 3 年级家长体会颇深：

我的儿子皓皓上 3 年级之后，开始变得不合作起来：让他去写作业，往往是磨磨蹭蹭半天都不动；让他看会儿书，也会托好久。每当这个时候，我就非常生气，狠狠地教训他，让他去学习。碍于我的威严，儿子倒是会乖乖去学习，但是学习效果往往不佳。

在 3 年级阶段，孩子已经有了自己的理性思维能力和分辨是非能力，如果家长不顾及他们的感受，强迫孩子停下他所喜欢做的事情，按照你的要求去做，结果只会让孩子心生逆反，不愿合作。就像例子中的孩子一样，虽然碍于家长的威严去学习，但是因为是被迫的，他的心里就会认为学习是为家长学的，是痛苦的，在学习的时候也就会心不在焉，敷衍了事。

明白了这些，家长在日常教育孩子的时候，就要注意，不要总是怕自己的孩子玩起来没完没了，给予孩子玩的时间，当他尽兴做完一件事情之后，才可能会全心全意去做另一件事情。

女孩玲玲上 3 年级之后，仍然像上 1-2 年级一样，爱玩、好动。玲玲的父母从来不会强迫孩子停止游戏去学习，而是等孩子玩得尽兴了，才会若无其事地告诉她："玲玲，你的作业好像还没写哦！"玩得心满意足的玲玲，这个时候常常会非常配合地主动去写作业，而且因为已经玩够了，心思、精力也就能够集中到做作业上，所以，玲玲不仅写作业的效率非常高，知识记忆得也非常牢固，成绩比起班上那些被家长逼着学习的孩子高出了一大截。

家长们都有这样的经验：当我们一门心思地想做什么时，如果有人打断我们，我们心里会十分不快，对别人的要求也会非常不愿意配合。大人们尚且如此，何况还只是十来岁、玩心很重的孩子。

正是从这一点上说，作为 3 年级孩子的家长，不要总是一味要求孩子去学习，要适当地给予孩子玩的时间。学习讲究的是一心一意，需高度集中精力，玩与学分开，玩的时候痛快玩，学的时候专心学，这样才能把学习搞好。

家长明白了这一点，就要懂得把玩的时间还给孩子。只有这样，孩子才不会因为心中有所牵挂而学得三心二意，学习才能更见成效。

方法二：减轻孩子对考试的焦虑

在教学过程中，我发现有这样一部分学生：

他们平时学习很努力，但一到考试前，这些学生就会表现得非常异样，不是头疼，就是肚子疼，看到课本就紧张，拿到试卷就不知道从何下笔，根本就不能静下心来看书、学习、做题。这类学生考试的成绩往往也就不尽如人意。

对待考试焦虑的学生，家长也很头疼，孩子面对考试总是这么痛苦，还怎么可能爱上学习、快乐学习呢？

我班上的一个男孩壮壮，对此可谓深有体会：

平时上课，老师讲什么我都会仔细听，认真想，课下作业也会按时完成，可一到考试，我还是会紧张，经常是会做的题都做不对……总是这个样子，慢慢地我对学习也就心灰意冷了……

在多年教学过程中，我发现，因对考试恐惧而渐渐不喜欢学习的学生，并不在少数，而且他们常常就是那些比较听话、乖巧、老实的学生。

为什么会出现这样的情况呢？

在和壮壮聊天的过程中，他跟我这样说：

每次考试之前，爸爸妈妈都会对我说："好好考，别给我们丢人啊！"每次我考得不理想，爸爸妈妈就会说："别人都能考高分，你也不比别人笨，怎么就不能考高分呢？"所以，每到考试的时候，我就会想：这次考不好怎么办？爸爸妈妈会不会骂我……

望着壮壮一脸焦虑的神色，我深感家庭教育的重要性。对于 3 年级的孩子来说，他们已经懂得了很多，他们能真切地感觉到家长对他们的期望，家长在考试之前总是反复地跟孩子说"要考好，不要给我们丢人"，无形中就会给孩子的心理造成很大的压力。当孩子背负着这样的压力去复习、考试的时候，考不好也就不足为奇了。

也正是从这方面考虑，作为家长，想要孩子快乐地学习，就要做到不对孩子的考试过分看重。只有家长先对孩子的成绩看开了，孩子才能一身轻松地去学习，效果才能更好。

一位家长在听了我的劝告之后，受益匪浅：

以前，孩子只要一考试，我总是比他还紧张，而孩子在我这种情绪的影响之下，考试成绩往往也差强人意。发现这个问题之后，我开始尝试着以一种平常心来对待孩子的考试，不去刻意关注他的考试成绩。就拿前几天的事情来说，儿子回家后一脸忐忑地告诉我："妈妈，这次考试我没考好。"望着儿子一脸担忧的表情，我故作轻松地笑了笑："没关系，妈妈看你这次就比上次考得好多了，继续努力，下次肯定比这次要好。"儿子看我没有责备他,诧异地看着我,最终半信半疑进了房间,一直到晚饭结束、睡觉,我都没有再提成绩的事,而儿子似乎也觉出,我并不是在安慰他,便安心地睡觉了。自从这次之后,儿子的学习劲头似乎更足了,再考试的时候,果然有了很大起色。

当家长率先向孩子表示出你对他的成绩不是过分关注的时候,孩子才能怀着一颗平常心去学习,去面对考试,才会没有沉重的心理负担,也才能发挥出自己的正常水平,领略到学习带给他的成功和自豪感,从而更加快乐地学习。

方法三:不要给孩子找太强的比较对象

日常生活中,我们常常听到家长们这样的声音:

"你看看人家圆圆,跟你一样上3年级,人家每次都是第一名,你什么时候能给我考个第一名回来呢?"

"瞧瞧,你表哥考上名牌大学了,你要是也能考上一个名牌大学,那该多好!"

每每听到家长们这样"教训""激励"自己的孩子,我都会向家长传达这样一种思想:不要拿你的孩子和别人的孩子比较。

家长对我的话经常会感到不解:"不比较,孩子怎么能有进步,没有进步,孩子的成绩又怎么能提得上去?"

的确,给孩子找一个竞争对手,对孩子学习成绩的提升来说是一件好事,但如果家长找的比较对象不妥当,却很可能会挫伤孩子学习的积极性。

我们小区楼下的女孩小羽就是一个这样的例子:

小羽最近总是闷闷不乐,一点儿学习劲头也没有。一个只有10岁的孩子,怎么会如此"颓废"? 怀着这样的疑问,我和小羽交谈了起来。在和小羽的谈话中,我找到了原因所在。

"妈妈总是拿我和小表姐比较，总是夸小表姐聪明，小表姐学习好，我也想学习好啊，但也不是一下子就能那么好的啊。妈妈总是这样比来比去的，让我好没面子，我干脆就不学了！"

听听，这就是家长盲目比较的结果。无可否认，家长给孩子找个竞争对手，对孩子的学习来说确实是非常有帮助的，但这个竞争对手的选择也要切合孩子的实际。如果这个对手和自己孩子之间相差太多，家长却急于想看到效果，无异于揠苗助长，不仅不利于孩子提高成绩，反而会让孩子对家长的"功利"感到不耐烦，进而和家长对着干。

清楚了这一点，在日常生活中，家长就要避免犯这样的错误。

我所熟识的一位家长在这方面做得就很好：

儿子上 3 年级之后，学习的劲头没有以前足了，人们都说给孩子找一个竞争对手对提升孩子的成绩有帮助。这种看法固然有一定的道理，但竞争对手若是找得不妥当则很可能打击孩子的自信心。所以，在给孩子寻找竞争对手的时候，我总是按照儿子的成绩单往上找三四个人，这样的话，既能给儿子找到一些适合的竞争对手，又不会让孩子感到这些人很难超越，从而放弃竞争。

不得不说，这位家长的做法是十分科学的。在教育学上有这样一个"甜苹果"定律：给孩子设立的目标一定是孩子蹦一蹦就能达到的，如果设立得太高孩子尝不到甜头，他也就失去了追求目标的兴趣。

所以，作为家长，想要孩子快乐地学习，一定要注意，不要让孩子在和别人比较的过程中先在心理上怯场了，要帮助孩子选择一个合适的比较人选，让他在超越的过程中，不会觉得毫无希望，充满斗志地去和别人竞争。他一旦体会到了竞争的快乐和学习的乐趣，就能充满激情地投入到学习当中去了。

四 洞察3年级孩子的几个危险信号

在一次3年级家长座谈会上,有家长这样向我抱怨:

"你说我家那个孩子现在怎么会成这个样子? 一让他学习就嚷头疼,放学回家我们不催着,他从来不知道主动写作业,有时即使硬逼着去写,他自己也不会写……"

听着家长这样的抱怨,我不得不告诉他:"你的孩子在学习上已经出现了危险信号,要注意了。"

为什么这么说?

试想:孩子一学习就喊头疼,不愿意写作业,这说明了什么? 说明他对学习已经没有了兴趣,已经开始厌倦学习。3年级的孩子就对学习失去了兴趣,他将来的学习生涯会怎样也就不言自明了。

孩子们为什么会出现这样的情况?

在与一些3年级孩子接触过程中,我总结出了症结所在:

他们上课不认真听讲,不是趴在桌上睡觉,就是东瞧西看、乱搞小动作。课下作业他们总是不能按时完成,有时被老师催得急了,就随便涂抹两下敷衍老师。结果可想而知,这些孩子的名字总是在成绩单的尾端徘徊。

家长们可以试想一下:当孩子的成绩总是在成绩单尾端徘徊时,孩子还可能会爱上学习,还可能会奋发上进吗?

答案当然是否定的。

所以作为家长,我们就应该明白,孩子身上出现一些危险信号的

时候,问题究竟出在了哪里,家长该如何做才能避免问题的恶化。

也正是从这一点上说,作为3年级孩子的家长,一定要注意孩子身上这样几个危险的信号,同时避免孩子在学习的过程中犯下不能挽回的错误。

方法一:孩子学习被动——让孩子的兴趣爱好来帮忙

一位3年级孩子的家长曾这样向我求助:

我家孩子今年上3年级,但是学习一点主动性都没有,凡事都习惯于我们的安排,没有我们督促着,他就不知道自己学习,对此,我和孩子的爸爸没少说他,可这孩子就是主动不起来……这可让我们怎么办呢?

看到这里,家长们或许会问:"如果孩子学习一直主动不起来,那么他怎么可能对学习有热情? 对学习没有热情,他的成绩还怎么可能上得去? "

不错,多年教学过程中,我也发现了这个问题:凡是那些学习不主动的学生,大多成绩不是很好。

所以,家长发现自己的孩子学习不主动时,就要给自己敲敲警钟了:该怎么做才能让孩子主动起来?

一位聪明的妈妈是这样做的:

女儿上3年级之后,还是和以前一样依赖我们的安排,作为成人,我深知"主动"二字对孩子一生发展的重要性。所以,我一直在想,怎么才能让孩子主动起来呢?

周末的一天,女儿要我陪她踢毽子,看女儿一脸狂热的样子,我灵机一动道:"让我和你踢毽子可以,但你要答应我一个条件。"女儿一心想着要玩,也没细想便脱口问道:"什么条件? "我装作想了想道:"你每说出一个成语或者英文单词、数学公式,妈妈就陪你玩5分钟……"女儿忽闪着眼睛想了一会儿,勉强答应了。开始的时候,女儿嘴里的单词、成语还不少,可没玩多长时间,女儿就说不出来了。看着女儿一脸不尽兴的样子,我趁机说:"宝贝儿想玩的话,可以多记一些东西嘛,记得多,妈妈陪你玩的时间就长了啊!"

女儿看着我,赌气似的说:"下次,我一定要让妈妈多陪我玩一会儿……"说完收了毽子,奔书房"恶补"单词、成语去了。

把学习和孩子的兴趣挂上钩,不失为一式妙招。当孩子的兴趣得不到满足,而她又对这个兴趣充满着渴望,就可能会自动自发做到家长提出的要求。在这个过程中,家长还要注意这样两点:一、不要总是在同一个游戏中对孩子提出要求,以免他心生厌烦,干脆放弃玩这个游戏;二、一开始家长提的要求也不要太难,让孩子心里一下子无法接受。家长能够做到这些,就能很好地利用孩子的兴趣激发孩子学习的主动性。

方法二:孩子时间意识淡薄——帮孩子树立时间观念

一次 3 年级测验过后,一个学生闷闷不乐地找到我:"老师,你看看这些试题,我本来都是会做的,可就是因为时间不够用,没有做完,才考得这么差……"

望着那个学生一脸郁闷的样子,我耐着性子说:"考试时间是固定的,并且是科学的。你没有做完试卷,不是因为时间不够用,而是没有利用、安排好时间。"

听我这样说,那个学生脸上一红,支支吾吾说不出话来。

与这位学生家长交谈中,我的推断得到了证实:

别人都说我家的孩子聪明,可这孩子聪明是聪明,就是学习的时候比较磨蹭,常常是做一会儿题,就跑到客厅喝口水,或者上趟卫生间,要不就摆弄摆弄书桌上的书籍、文具,就是不能全身心投入到学习中去。

磨磨蹭蹭、学习的时候不能全心全意就是不能安排、利用好时间，换言之，也就是时间意识淡薄。

时间意识淡薄，对孩子的学习来说，无疑是一个最大的隐患。

基于这点考虑，当孩子出现上述征兆时，家长就应想想办法，帮孩子树立时间观念，提升孩子的学习效率。

一位懂得使用"自然惩罚法"的家长是这样做的：

孩子做作业总是没有时间观念，半小时能够做完的题目，他往往要拖上一两个小时。看着孩子磨磨蹭蹭的样子，我开始想对策。

一次孩子做作业时，又开始做小动作，我走到他跟前说："你的作业时间是半小时，半小时做不完，就不用做了。"

孩子对我的话置若罔闻，依旧该怎么着就怎么着。我也不搭理他，等到了半小时之后，我一本正经地收起他的作业本，并开始收拾书桌，这个时候，孩子才急了："妈妈，我作业还没写完呢！"我没有心软，继续收拾书桌："妈妈说过了半小时写不完，就不用写了，现在睡觉吧！"

孩子忐忑不安地看了我一眼，张了张嘴想跟我要回作业本，我只当没看出来，转身出了书房。结果第二天，孩子因为没有完成作业被老师批评了一顿。

从那以后，孩子再写作业的时候，就认真多了，效率也明显高了许多。

3 年级的孩子已经有了足够的自我约束能力，但就是因为家长对其纵容、不加管束，才会让孩子在错误的道路上越走越远。上述例子中的家长做得就很好，给孩子确定一个时间标准，在这个标准之内，孩子不能达到要求，就要受到相应的"惩罚"。当自尊意识已经非常强烈的 3 年级孩子受到"惩罚"之后，觉醒的自尊会促使他避免因相似的错误而再次受到"惩罚"，也就能乖乖按照家长的标准去做了。

方法三：纠正孩子的偏科现象

随着 3 年级科目的增多，孩子们身上也开始出现一些偏科现象：

"我不喜欢数学，算来算去都算不对，烦死了。"

"我不喜欢英语，叽叽咕咕，都不知道说的是什么。"

"我更喜欢语文，看图说话，自由发挥，想说什么就说什么。"

"我喜欢自然科学，知道很多以前不知道的东西，多奇妙啊！"

听着孩子们叽叽喳喳讨论着自己喜欢哪一门功课，不喜欢哪一门功课，我真的为孩子们的未来感到担忧。小学 3 年级阶段的学习，是一个整体素质养成的时期，哪一科"瘸腿"，对孩子日后的学习生活来说都有着严重的影响。

家长们或许也有这样的经验：孩子喜欢哪一门功课就会拿出很大一部分精力去学这门功课，而对自己不感兴趣的科目则大多懒得去理会，甚至有意逃避。

一位家长曾经为此向我求助：

别人都说我家孩子很聪明，我家的孩子也确实是很争气，1—2 年级的时候，总是能够拿到年级前几名，可是随着孩子升入 3 年级，科目增多，孩子身上开始出现明显的偏科现象，尤其不喜欢英语，全年级一百多个人，不算英语成绩，他能排到年级前 10 名，可一算上英语成绩，就排到 40 多名、50 多名了，你说，我该怎么帮帮孩子呢？

这还得从孩子偏科的原因分析。

孩子为什么会出现偏科现象呢？

在日常教学过程中，我总结出以下三点原因：

第一，心态引起了偏科。处于这个年龄层次的孩子，有了自己的思想、行为，开始发展自己的兴趣，并朝着自己所喜爱的方面发展；会将其聪明才智更多地用在自己比较感兴趣的科目上。

第二，孩子进入 3 年级，认为距离小升初还十分遥远，既没有感受到学习的压力，也没有认识到偏科给自己中考带来的负面影响。

第三，这和孩子对老师的态度有关。无可否认，孩子是否喜欢老师，对孩子是否喜欢这门课程有着一定的影响。

明白了这些，家长想要帮助孩子纠正偏科现象也就简单多了。

我所熟识的一位家长就是从上述原因入手，帮助孩子纠正偏科现象的：

女儿欢欢上 3 年级之后，开始出现偏科现象，尤其不喜欢学英语。作为过来人，我深知偏科会对学习造成怎样的影响，所以，当孩子偏科现象初露苗头时我就开始思谋对策。

从女儿的同学那里我了解到，女儿之所以不喜欢英语，是因为第一次上英语课时，女儿上课说话老师批评了她，女儿便由此讨厌上英语课。明白了这些，我开始有意无意地在女儿面前说起她的英语老师："欢欢，你们英语老师说你最近进步了呢。""你们英语老师夸你英语写得漂亮。"久而久之，女儿对英语老师的态度似乎也改观了不少，学习英语的兴趣也慢慢提上来了。

看！这位妈妈的做法就高明了许多，找准孩子偏科的原因所在，对症下药，往往能起到意想不到的效果。如果孩子是因心态引起的偏科，家长就可以从孩子的心态入手，夸赞孩子肯定也能把不感兴趣的科目学好；如果孩子是因为感受不到升学的压力，家长不妨带他到高年级参观参观，多让孩子跟高年级的孩子进行交流。

相信，家长在这样做的时候，孩子的偏科现象肯定会有所改观。

五 多花一些时间陪孩子，多作一些沟通和交流

家长们大多有这样的经验，当孩子1-2年级的时候，他们在外面见到什么或者自己做了什么，回家都会急着讲给大人听，大人不听他还不高兴，但到了3年级后，情况开始发生了变化，一部分学生不愿意把在外面发生的事讲述给家长，有时自己经历的事也不想让家长知道。

这其中的问题出在哪里呢？

在和一位3年级孩子交谈过程中，他这样跟我说：

上1-2年级的时候，我的生活是自由自在无忧无虑的，可一上3年级之后，一切都变了，爸爸妈妈整天除了问一下我的学习，从来不关心我到底在想些什么，有没有不开心，有没有不高兴……既然爸爸妈妈不关心我，我跟他们还有什么话说！

的确，3年级孩子的家长身上一个明显的变化就是，父母对孩子的要求从"听话"标准上升到"学习好，能力强"的标准，对他们的照料和关注则比以前要减少许多。因此，在这个阶段，父子、母子之间的沟通通常被忽视，矛盾与代沟也开始出现了。

或许有的家长说："我的事多得不得了，哪有时间去问孩子的学习，哪里顾得上孩子在想什么？"

如果家长真是因为自己的事情而忽视对孩子的教育，我就要告诉您：您这是因小失大，必然得不偿失。

或许有的家长会说："3年级的孩子不是已经开始具有自我、独立、理性意识，不喜欢被人管了吗？我们再干涉他的事情，不是会让

他厌烦吗？"

无可否认，家长的这种顾虑有一定道理。在他们看来，3 年级的孩子有一定的自我意识、理性思维能力，就可以放手不管了。然而，事实却并非如此。3 年级的孩子固然已经有了一定的理性思维能力，但他们毕竟年龄还小，自控能力还不强，并不能完完全全掌控自己的行为，这就需要家长从旁协助。

看到这里家长也许会说："管也不对，不管也不对，我们到底该怎么做呢？"

在和一位教育专家聊天过程中，他谈到这样一个观点，与我的想法不谋而合："对待 3 年级的孩子，家长要做到少管，但一定要多跟孩子作一些沟通和交流。"

因为只有家长"放权"，才能让孩子感受到尊重，自主自发地去学习；但孩子在自主自发学习的过程中，难免会因为方法不对头，或者一些其他的问题，诸如心情好坏、情绪不稳、成绩浮动等等而影响学习的劲头。家长的参与，在这个时候就必不可少了，及时沟通交流，及时地发现问题，孩子在学习的道路上才会少走很多弯路。

也正是基于这点考虑，家长在培养孩子的过程中，多花一点时间陪孩子，和孩子多进行一些沟通和交流就非常有必要。

看到这里，有的家长或许会问："3 年级的孩子自尊自我意识已经很强了，就算我们想帮助他，他会把自己的难处说给我们听吗？"

的确，升入 3 年级，孩子们谈起自己的学习状况总是讳莫如深，对于家长一遍遍的追问，常常是非常不耐烦。面对这样的情况，家长该怎么做才能做到有效地沟通和交流呢？

方法一：为孩子创造一个轻松的交流环境

当很多家长抱怨自己的孩子不愿意和自己诉说心里话的时候，

我所熟识的一位家长却自豪地说："我和孩子是无话不谈的朋友。"

这是怎么回事呢?

原来这位家长从不刻意去打探孩子的学习情况,总是和孩子闲话家常。打个比方,孩子放学回家之后,这位妈妈会非常自然地跟孩子说:"学习一天了,累了吧,好好放松一下。"然后会陪着孩子看一小会儿电视。在看电视的过程中,这位妈妈会有意讲一些热播的电影、自己单位发生的趣事……聊着聊着,孩子的话匣子就被打开了,自然而然,就会自己说起学校的种种,而这位家长也就能够从孩子的话语中了解到孩子学习的近况,及时采取措施。

心理学研究表明,在轻松的环境下,人们很容易放弃防备心理,顺理成章地说出心里话。家长与孩子的交流也是如此,如果孩子一回家,家长就追问孩子的学习情况,这不但会使孩子产生厌烦情绪,还会把他的防备心理激发出来,不管家长如何问,他都会金口难开。

家长只有为孩子营造一种轻松的沟通氛围,以平等的身份与孩子进行交流,才能走进孩子的内心。当孩子真正把家长当成好朋友之后,不管是学习情况还是其他方面的情况,他们都会愿意向家长诉说。

为孩子创造这样轻松氛围的机会有很多,比如,和孩子一起晨跑,或者星期天全家一起去爬山……因为每天一起运动、玩耍,家长与孩子之间,当然就会有许多共同的话题。当孩子和家长无话不谈时,家长也就能很好地把握住孩子的心理变化和情绪波动,及时化解孩子在学习道路上可能碰到的问题了。

方法二:不要打着"忠言逆耳"的幌子对孩子进行说教

一次3年级家长会上,一位家长大吐苦水:

"我为了让孩子充分认识到学习成绩不好的不良影响,整天苦口婆心地给孩子讲道理。可这孩子不仅对我说的话满不在乎,还扔给我

一个字：烦。我可是一心为孩子的将来好，怎么倒惹他烦了呢？"

这位家长的话很快引来一阵附和：

"是啊，我家孩子也总是把我的话当成耳旁风，一点儿不往心里去。"

"我口干舌燥地说半天，孩子可倒好，该怎么着还是怎么着，怎么就不明白我的苦心呢？"

……

看着家长们为孩子如此"费心"，我却不知道该说什么才好。

仔细想想，家长认为这些道理是很重要的，是为了孩子好，是'逆耳忠言'，可孩子们是否会这样想呢？

以我这些年和孩子打交道的经验来看：不会。

孩子进入 3 年级以后，会经历这样一个"人格独立的矛盾时期"，这时候的孩子特别想独立，但又缺乏独立的能力，因此在心理上处于一种很矛盾的状态：他们渴望独立，然而因为独立能力还不是很强，所以他们需要一个"参谋"帮助自己出谋划策，而不是全盘帮自己制定该怎么做的"长官"。这个"参谋"需要帮助孩子逐步提高处理问题的能力，尽快完成从"想独立"到"能独立"这一转变过程。

家长若是不能了解这个时期孩子的心理，就会在与孩子交往的过程中充当那个颐指气使的"长官"，从而陷入这样一个处境：家长在那里不厌其烦地说，孩子对家长的话置若罔闻。

在这个处境越来越不妙的情况下，孩子开始进入"不听话"阶段，两代人之间也就进入了"容易产生矛盾，容易发生冲突"的境地。

明白了孩子的这些心理特点，作为 3 年级孩子的家长，在与孩子沟通的过程中就要注意这样一点：不要打着"忠言逆耳"的幌子对孩子进行说教，要尊重孩子，和孩子平等地交流。

一位懂得尊重孩子的家长对此感触颇深：

上 1-2 年级的时候，孩子还小，自己还没有一定的独立能力，关于学习上和生活上的一些事情都是我帮他安排。上了 3 年级之后,我开始有意识地对孩子"放权",比如放学之后,是先写作业、看书还是先看电视或者和小伙伴们一起玩一会儿,都由他自己来决定,无论他做出什么决定,我从来不会立刻否定他,只是适当地提出一点儿建议,委婉地告诉他怎样做会更合理一些。

因为我跟他说话的时候,是站到他的立场为他考虑,并且是发自内心地尊重他,孩子往往会仔细思考我的意见……这样时间长了,孩子不仅独立思考能力有了极大的提高,理性思维能力也强了许多……我的孩子不仅不会对我敌视、冷漠,和我关系还特别亲密!

相信家长们都有这样的观念:在同事或朋友面前,我们一般采取的态度是尊重,因为我们知道,我们是平等的;但在孩子面前,我们却很少注意尊重,因为我们觉得孩子太小,什么都不懂,必须听从我们的指挥。在这种观念下,我们总是以"指挥者"的身份出现在孩子面前,总是无所顾忌地对孩子进行指挥、命令、批评、训斥,总是要求孩子要"不折不扣"地执行我们的意愿,并且为自己的行为加上了一个冠冕堂皇的幌子——"忠言逆耳"。

也就是在这个幌子的遮掩之下,家长错误的教育方式带来了可怕的后果:孩子和家长越来越陌生,越来越不愿意和家长交流。例子中的家长做得就很好,对孩子"放权",却又适当进行指点,让孩子既感觉到了家长对自己的尊重,又不会因为家长的过度"越权"心生不满,家长和孩子的关系,自然就会其乐融融了。

方法三:和孩子同舟共济,不要只做"检察员"

寒假的一天,到朋友家做客,席间听朋友这样说起自己的孩子:"女儿萌萌上 3 年级之后,成绩是越来越差了,让她好好努力,让她学习用心些,她怎么都不长记性。你看看现在她那个成绩,我真是没脸见

第二章 3 年级孩子的父母,必须提前知道和做到的那些事儿

093

人了！"

看朋友一脸沮丧地说起自己的孩子，我只是问了朋友这样一句话："孩子成绩上不去，你为孩子做了些什么？"

朋友被我问得一愣："学习是她自己的事，我能为她做什么？"

听了朋友的话，我是彻底无话可说了。

不可否认，实际生活中确实存在着这样一类家长：他们对孩子的成绩很关注，对孩子身上出现的问题也很关注，然而，却只是把这些关注停留在口头上，停留在对孩子的责备和训斥上，认为学习是孩子的事，孩子成绩不好，就是孩子不认真、不刻苦，一味地追究孩子的责任，把自己摆到一个"检察员"的位置，仅仅去检查孩子身上的毛病，却不为孩子的毛病寻求解决的办法。就像我的朋友一样，看到了孩子成绩越来越差，也看到了孩子的不用功，然而却从没想过该怎么帮助孩子把成绩提上去。

我们可以想一下：当孩子在学习上遇到困难，迫切需要有人来帮助他解决问题的时候，如果家长只会说空话，只会训斥，孩子从家长那里总是得不到有效的帮助，那么孩子还可能愿意和家长沟通吗？答案是否定的，没有一个人愿意光听别人的埋怨和唠叨。

反之，家长此时如果能明白孩子的心理，能够耐心地帮助孩子分析原因，制定改进措施，帮助孩子建立起战胜困难的信心，把自己当成责任人，甚至是主要责任人，使孩子认识到在自己遇到困难的时候，有家长跟自己站在一起，他会怎么想？他会信心十足，会用积极的心态与方式面对困难，在克服困难的过程中体验成就感，感受父母的温情。孩子身边充满父母的鼓励，自然就不会对学习失去兴趣。

我所熟识的一位家长经历过的一件事，恰恰说明了这一点：

女儿薇薇上 3 年级时，一次测验数学成绩非常不理想，回家之后，她闷闷不乐地进了自己的房间。晚饭的时候，我趁机跟女儿聊了起来。

"薇薇，妈妈知道你没有考好心里很不高兴，妈妈先跟你说'对不起'，妈妈这段时间对你的关心不够，你成绩落后，妈妈应该负很大一部分责任，但薇薇你最近是不是也不够努力呢？"我平静地跟女儿说。

女儿默不做声地看了我一眼，显然没有想到我会这么说。

"从今天开始，妈妈和你一起努力，我们'共同作战'，拿下数学这根'硬骨头'！"我振奋精神，信心十足地说。

看我这么有信心，女儿也慢慢笑了："妈妈，我知道你是为我好，我会好好努力的！不过妈妈也一定要帮助我哦！"

每个孩子都有强烈的进取心，考试成绩不好，表明孩子在学习中遇到了困难，这样的结果家长不愿意看到，孩子自己更不愿意看到。所以，当孩子考试成绩不好的时候，作为家长就应该与孩子"共同作战"，如果这时你向孩子说一句"对不起，我这段时间对你帮助不够，所以你成绩落后了，没关系，咱们一起努力，把成绩赶上去"，孩子自然就会感激父母对自己的理解和帮助，从而重拾学习的信心。

第 三 章

3年级，父母如何在家中辅导孩子学习

在与3年级家长交流的过程中，他们普遍有这样一个共识：从3年级开始，孩子学习需要拿出真本事了。

的确，从3年级开始，课程似乎一下子变难了很多。家长们或许都有这样的经验：孩子在1-2年级时，不太认真学习也能取得不错的成绩，然而，到了3年级就不再那么简单了，稍有马虎，学习成绩就有可能滑下来。

因为明白了这一点，孩子一到3年级之后，很多家长都开始对家庭辅导重视起来。

一位3年级孩子的家长就曾这样对我说：

孩子上3年级后，要学习的内容越来越多，渐渐表现出吃力。为了让孩子不至于输在转折点上，我和孩子的爸爸很重视对孩子的家庭辅导，每天我们都会帮助孩子温习功课，帮助孩子检查作业，可是孩子的学习效果却并不明显，这是为什么呢？

听这位家长的话，他似乎对孩子的辅导很尽责了，孩子的学习效果为什么还是不佳呢？

其实，这就涉及到了一个家庭辅导方式是否科学的问题。

就拿上述家长的例子来说，每天帮助孩子温习功课、检查作业，似乎是每个环节都顾及到了,但她却忽略了这样一个问题:对孩子的辅导是否科学。

什么叫做具有科学性的辅导呢?

几位家庭教育专家这样说:

3 年级科目增多,如果不能根据科目特点对孩子进行相应的辅导,那么这种辅导就是盲目辅导,收效也就不会好到哪里去。如果不能从源头上帮助孩子杜绝学习的一些弊病,孩子的学习效果也就不会太显著。

既然如此,家长该怎么科学地做好 3 年级孩子的家庭辅导呢?

3 年级,务必辅导孩子学好数学;

3 年级,务必辅导孩子学好语文;

3 年级,提升孩子的阅读能力是关键;

3 年级,提升孩子的写作能力是必须;

3 年级,帮孩子提升考试成绩的几个窍门;

3 年级,提升孩子智慧远比提升成绩更重要;

……

家长如果能从这些方面入手,在辅导孩子学习的过程中,就会发现孩子所取得的进步也将是惊人的。

一3年级，务必辅导孩子学好数学

在和很多3年级孩子的家长接触过程中，我都会告诉他们这样一点：3年级阶段，数学学得好还是不好，不仅关乎着孩子小学阶段成绩的好坏，更关乎着孩子今后的发展。

换句话说也就是，扎实的数学功底是从3年级开始积累的，如果孩子在这个阶段数学学不好，势必会影响他的整体成绩，影响其整个学业生涯。

但遗憾的是，在日常教学过程中，我却常常听到同学们这样的抱怨：

"老师，数学怎么这么难呢？一道题，我都盯了它半天了，还是不知道从哪下手……"

"老师，数学可真麻烦，一步错，满盘输，做数学题好像打仗一样，一刻也不能放松，累死了……"

每当听到学生们这样的抱怨，我都会深深地为孩子们的数学学习感到担忧，如果孩子总是对数学学习怀着这样的想法，那无异于在学习的道路上，给自己设置了无形的障碍。

无可否认，随着年级的越来越高，数学学习的难度也在相应增强，对于刚刚升入3年级的孩子来说，一时之间无所适从，感到头疼是非常正常的。但如果孩子一直被这种情绪所困扰，不能摆正心态从容应对，对孩子来说，也将是非常不利的。

所以，作为3年级孩子的家长，帮助孩子克服学习数学的心理障碍,引导孩子正确对待数学学习,就具有了非常重要的意义。

也曾有家长这样问过我:"我们也知道帮助孩子学好数学非常重要,但问题是,究竟有哪些方法,可以让孩子坦然面对数学这个'拦路虎'?"

在多年教学过程中,我总结出了以下几个方法:

方法一:不要被"同一块石头"绊倒——每道题,都必须让孩子知道为什么错

我曾教过这样一名学生:

他学习很用心,也很努力,但每次考试都不能取得满意的名次。

为此这位学生非常懊恼地找到我:"老师,要是没有数学,我能排到班级前3名,可就是因为数学,害得我成绩每次都这么惨!"

看着这位同学一脸不忿的样子,我仔细帮他分析了一下那张数学试卷,结果发现,这位同学做错的题,和上次考试时错的是同一类题。上次做错了,这次依然在重复上次的错误,这也就是说,孩子在学习过程中存在盲点。

在与这位学生的家长接触过程中,我了解到,在孩子平时写数学作业的时候,就经常会犯类似的错误,家长帮他检查出来了,告诉他正确答案了,他就改,但对为什么改、错在哪里,却并不清楚。长久下来,孩子对错误已经开始麻痹,从来意识不到自己已经被"同一块石头"绊倒了多次。这也就造成了孩子在考试中、平时做作业时犯的错误还是照犯不误,考试成绩不好也就在意料之中了。

所以,作为家长仅是帮孩子检查出错误还不够,还要清楚明白地让孩子知道为什么错、为什么要改,避免孩子在相同的问题上继续犯错。只有这样才会让孩子的思维更清楚,才不会给孩子的学习留下盲点。

我所熟识的一位家长就是这样做的:

女儿双双上3年级以后，在数学学习上明显表现出吃力。我和丈夫深知数学学不好对孩子来说意味着什么，所以我们对此非常重视。

每次女儿做完作业之后，我都会帮孩子检查一下，渐渐地我发现这样一个问题：孩子每次错的题目，都是类型相同的题。找到了症结所在，我开始从根本上下工夫，帮助孩子避免被"同一块石头"绊倒。

为了达到这个目的，在给孩子检查作业的过程中，一旦发现孩子哪里的知识掌握得不牢固，哪个类型的题容易犯错误，我都会特意为她再找一些相关的习题，让她在反复练习的过程中找出自己哪里存在不足。这样过了一段时间，女儿自己发现问题、改正问题的能力得到了极大的提升，数学成绩也随之上升了一大截。

对于3年级孩子来说，这位家长的方法无疑是非常实用的：将孩子在学习中遇到的盲点，反复展现给孩子，在这个过程中指引孩子找出问题所在，孩子在亲身实践、找寻问题的过程中，也就能够慢慢克服这些盲点，避免再犯相似的错误，从而稳步提高数学成绩。

方法二：不要迷信"题海战术"

一次，讲完一堂数学课后，因为离下课还有一段时间，我就让孩子们自己决定做点什么。有的孩子翻开刚刚讲过的内容开始重温，有的孩子开始翻开习题集做作业，而有几个孩子却望着窗户外面发起呆来。

对此，我很是不解：在课堂上把作业做完，回家之后不就轻松许多吗？为什么他们宁愿发呆，也不好好利用这段时间呢？

于是我好奇地询问了这几个学生："你们为什么不利用这段时间复习功课、写作业呢？"

这几个学生给出了我这样的回答：

"在课堂上写完老师的作业，回家还有爸爸妈妈的作业，还不如等回家再写，爸爸妈妈的作业还能少写一点。"

"反正我回家还有写不完的题目,也不在乎多写一点儿、少写一点儿……"

听着孩子们的话,我沉默了。

的确,现在很多家长都存在这样的思想:数学学习,关键是做题,只要肯做题,数学就一定能学好。

可事实真的如此吗?我看不见得。我们可以打这样一个比方:习题好似补药,吃一点儿半点儿对身体有益,吃得多了,就不见得是好事了。上面几个学生的例子就很好地说明了这一点,为了逃避家长的"题海战术",他们宁愿对着窗口发呆也不愿意写作业。更何况3年级的孩子,年龄还这样小,长期的"题海战术",不仅加重了孩子们的学习负担,更是会让孩子们在不断做题的过程中对学习腻烦,产生厌学情绪。

看到这里家长或许会问:"对孩子的数学学习来说,难道多做题还错了?"

其实,对于学习数学来说,做题并没有错,问题的关键是,做的题对孩子来说,是不是真的有用。也就是说,重要的是质量而不是数量。

一位深谙数学学习之道的家长是这样做的:

儿子上3年级以后,在学习数学上开始遇到一些问题。作为一位老师,我有自己独特的一套辅导方法。针对数学学习,我让儿子自己准备了一个错题本,将那些经常做错的题目记录下来,隔三差五地翻看翻看,自己找找为什么错,总结出经验,归结出正确的解题方法。儿子坚持半个学期之后,数学成绩就有了极大的起色。

的确,盲目地做一千道题、一万道题,都不如仔仔细细、认认真真做会一道题来得更有价值。我们可以这样想:当家长把"题海战术"运用得淋漓尽致之后,会有什么样的结果:孩子会走入这样一个误区:题目做得越多,数学学得越好。当孩子走入这样一个误区,就会将大部分

时间放在如何多做题上，单以做题的数量来衡量自己学习的效果。结果可想而知，埋头在做不完的题目之中，孩子的学习会越来越没有方向性，甚至更可能心生厌烦，对学习数学更加厌倦。例子中的家长做得就非常好，他不是让孩子盲目做题，而是让孩子从失误中吸取教训，这样孩子在学习数学中所取得的成效，会比机械盲目做题强很多。

所以，家长在辅导孩子做题的过程中，要把握住这样一个要点——让孩子做的题目，一定是孩子知识运用薄弱的题目，是能够举一反三的题目，是具有针对性的题目。当家长能够做到这一点，孩子学好数学也就不再是难事了。

方法三：作业出错不是大事——允许孩子犯错误

在一次家访过程中，我曾撞见这样一个场景：

3年级的学生洋洋正在写数学作业，洋洋的妈妈不时会在孩子旁边指点两句："你看看这里，这样做对吗？""这儿，这儿，又错了！"

望着洋洋妈妈一脸着急的样子，我算是明白了为什么这个孩子做题的时候总是不知道从何下手，就是因为在家长这样的"帮助"下，孩子已经丧失了自己解决问题的能力。

孩子毕竟是孩子，作业出错不可避免。这时候，家长最为重要的工作并不是指出错误或纠正错误，而应重在告诉孩子为什么错了。

我的一位朋友是这样指导他的3年级孩子学习数学的：

和很多家长一样，我也有帮助孩子检查作业的习惯，然而，跟大多数家长不一样，每当我发现孩子作业出现错误的时候，我从来不急着告诉孩子错在哪里，而是让他自己试着去找出错误所在，并让他自己思考为什么错、应该怎么改。

慢慢地孩子养成了回顾和检查的习惯，养成了独立思考的习惯。在我这样的指导方式之下，孩子做每道题的时候，都自信满满，敢于思考,敢于尝试,独立解决问题的能力也比同龄人强了许多。

在和一些3年级老师交流的时候,他们也普遍表达了这样一种观点:家长帮孩子检查出错误不是目的,让孩子明白错在哪里且不再犯错误才是最终追求的目标。

例子中的家长做得就很好:让孩子自己找出错误,在孩子寻找错误、主动思考的过程中,提高孩子思维能力,慢慢培养出孩子"这道题我肯定做对了"的自信,这对孩子今后的学习来说,将具有意想不到的神奇作用。

方法四:让孩子在生活中学数学

在和3年级孩子交谈过程中,他们普遍认为3年级数学较1-2年级难了很多,不好学,甚至有的孩子一提起数学就头疼。对此,很多家长也是一筹莫展:孩子总是对数学心存畏惧,还怎么能学好呢?

其实,只要家长多用些心,生活中处处都有数学,家长若是能够善加利用这些条件,孩子学好数学并不难。

在知识层面上分析,3年级的数学还处在简单的逻辑计算阶段。家长想要培养孩子的兴趣非常容易上手,比如,家长可以让孩子给家人分配水果:爷爷一个,奶奶一个,爸爸一个,妈妈一个……在这个时候,家长善加引导孩子,让孩子学好使用除法公式:水果的数量÷人口数=人均数。已经具备一定逻辑思维能力的3年级孩子,在家长这样的引导下,往往就能够独立思考,在以后的生活中不知不觉地将这些从家长那里学到的知识运用到自己的学习当中去。

我所熟识的一位家长,就是一位善于利用生活中的数学教育孩子的高手。

女儿小樱上3年级之后,我开始有意识地培养孩子的数学思维。比如,我和孩子一起上小区便利店时,女儿总是喜欢从小区中间的草

坪穿过去，我就会问她："小樱为什么喜欢穿草坪，而不喜欢从小区大路上走呢？"女儿脱口而出："从草坪穿过去近啊！""那小樱说，为什么从草坪中间穿过去近呢？"我问。女儿晃着小脑袋说不出所以然来，于是我接着引导她："小樱是不是觉得从大路上走，还要拐弯，要走两条路，而从草坪穿过去只用走一条路就可以了呢？"女儿连连点头。于是，我趁机告诉她"三角形的两边之和大于第三边"，因为有着亲身体会，女儿对这个定理似乎很感兴趣，也就很喜欢应用这个定理去解决一些问题了。

这样的机会，在实际生活中还有很多，比如周末的时候家长带孩子去公园玩，家长可以设定骑自行车需要花费多长时间，坐公交车需要花费多少时间，走路又需要花费多长时间，让孩子在实践中作比较，培养孩子时间的概念、计算的兴趣。

当家长能够时刻注意让孩子参与到数学生活中来，激发孩子学习数学的热情，那么，孩子学好数学也就不再是难事了。

二 3年级，务必辅导孩子学好语文

周末的时候，一位亲戚给我打来电话"求救"：

孩子上3年级后，一向引以为傲的语文成绩竟然开始出现滑坡，1-2年级的时候，总是能考90多分，现在倒好，70多分是常事，80多分都罕见。你说，这孩子的语文成绩要是这样下去，可怎么得了？

的确，语文作为三大主课之一，在孩子的学习生涯中占据着重要位置。语文学得好还是不好，不仅关乎着孩子的自身文化修养高低，更关乎着孩子学业的成败。

明白了这一点，家长在辅导孩子学习语文的过程中，就要抓住3年级这个语文学习内容开始变化的关键期。

1.从3年级开始，孩子们的语文学习内容发生了改变。1-2年级的语文内容主要是一些非常基础的知识，如拼音、生字，读几遍，抄几遍，只要孩子肯下工夫，一般不成问题。然而到了3年级，除了掌握基础知识以外，语文作业还增加了写作和概括，都是一些比较"活"的题目，也就是我们通常所说的，这些题目是没有什么最标准答案的。这也就对学生提出了更高的要求，单靠课堂学习是不够的。

2.3年级之后，语文字词相应增多，同义词辨析、形近字辨析层出不穷。所学的字词越多，孩子越迷糊，越难掌握，基础知识掌握得也就很容易不牢固。

这些正是孩子升入3年级之后语文成绩下滑的原因所在。

家长可不要小看3年级孩子的语文成绩下滑现象。多年的教学经

验告诉我：如果孩子在 3-4 年级的时候，不把语文成绩提升上去，那么，很可能在以后的很长一段学习过程中，孩子的语文成绩都会不尽如人意，影响孩子的升学、择校。

然而语文成绩的提升，也不是一蹴而就的事情。正如我们知道的那样，语文是一门基础学科，讲究的是知识的累积。从 1 年级开始到中学毕业，语文的学习就像是建高楼大厦，任何一个地方出了问题，都会影响到整栋楼的居住安全，任何一个知识环节出现问题，都会影响整个学科的学习效果。而小学 3 年级，恰恰是打基础的关键期。如果孩子积累的知识过少，或养成了不良的语文学习习惯，将会直接影响以后的学习生涯。

在我参加工作的前几年，就曾犯过这样的错误：

晓旭是我曾教过的一个学生，从 3 年级我开始接手他们班起，他的语文能力就比较差，读个句子都磕磕巴巴的，当时我就想，孩子还小，以后慢慢改正应当来得及，也就没有过于用心地去帮助他。可到了小学高年级的时候，这个孩子的语文成绩一泻千里，任凭我怎么帮他提高，也无济于事了。这时候我才知道，自己如果在孩子刚刚出现一些不良学习苗头的时候，就努力帮助孩子一点点纠正，可能孩子现在的情况就会好很多。

这次教训让我记忆尤其深刻，现在，每当我接手一届新的学生，特别是当他们到了 3-4 年级的阶段，我总会发现一个问题，就务必纠正一个问题，发现孩子的某方面知识掌握能力弱，就重点强化他的某方面能力，效果一直都很好。家长朋友们在教育自己孩子的时候，也可以借鉴这种方法，特别是对于语文这一博大的学科，更是要注重平时的点滴积累、点滴修正，比如：孩子的表达能力弱，那就一定要立即强化孩子的表达能力；孩子的作文能力弱，就要注重培养孩子的写作能力……

基于上面的多种考虑，每当我教的孩子升入 3 年级，我都会召开一次家长会,在会上,我会着重强调这样一点:数学、语文这两个科目,就像孩子学习历程中的两条腿,在小学低年级就将其锻炼得有力、强壮,在以后的学习生活中才会如虎添翼,学业更上一层楼,而语文学习更是一个日积月累的功夫,只有塌下心来,把心思用在平时,认真积累,语文成绩才能逐步提升。

那么,具体来说,在3年级孩子的语文学习过程中,家长需要督促孩子在哪些方面下工夫呢?

方法一:基础知识提升——字、词辨析是重点

在和身边很多3年级语文老师接触中,他们普遍反映了这样一种情况:一些3年级孩子语文成绩之所以上不去,大多是因为基础知识掌握得不准确,经常犯字、词混淆之类的错误。

这也就是说,在做一些形近字辨析、同类词辨析的时候,孩子们常常会犯迷糊,张冠李戴。

拿我的一位学生为例来讲:

小军在写作业的时候,常常分不清楚"末"和"未"。为了避免写错字,这个孩子还自作聪明地把这两个字的两横写成一样长。

看到这个孩子如此,我给他做了这样的区分:"未"表示将要发生而没发生,是未来,我们可以这样释义——未来还有很长的路要走,所以,"未"字下面这横要长一些。而"末"表示尽头、结束,我们可以这样理解——路走到了尽头,没路了,所以"末"字下面这横要短一些。我这样一说,孩子听得津津有味,以后真的再没犯这个错误。

的确,从小学到高中,形近字辨析都是必考题之一,考察的是最为基本的语文知识。在3年级孩子刚刚接触形近字的阶段,如果不能帮助孩子清楚地加以区分,那么孩子在今后的学习生活中,就会因此碰到许多麻烦。

作为与孩子接触最多、关系最为密切的家长，在帮助孩子攻克形近字辨析、同类词辨析这道"难关"上责任重大。

那么，家长们该怎么做呢？

在多年教学过程中，我总结出这样几个方法：

一、扩词义法。

同音字、形近字是学生们最容易混淆的，学生会读会写，但不一定会用。碰到这类字我通常是让学生通过扩词，把字义和词联系起来，把字形和字义联系起来。比如"棉"和"绵"，这两个字同音，形近，区别在于偏旁的不同，我先鼓励学生分别给两个字扩词，"棉"：棉花、棉衣、棉布、棉麻……"绵"：烟雨绵绵、软绵绵、绵绵细雨、绵羊……然后再引导他们比较每组词的共同点，不难发现，"棉"本意是源于棉花的一种植物，引申为一种质地、一种材料，所以是"木"字旁，而"绵"是软的、细的、柔的一种感觉，所以用"绞丝旁"，这样一来，学生对这两个字的理解就比较明朗了。

二、拆分偏旁法。

比如"厉"和"励"，这两个字从字形上看似乎没有搞错的可能：一个是半包围结构，一个是左右结构。但为什么在作业当中的出错率却很高？究其原因就是孩子不理解这两个字的含义。遇到这类情况，我们可以鼓励学生大胆探究，从偏旁下手，寻找记忆的好办法。我的一位学生就这样来区分这两个字：一个万能的人是很"厉"害的；一般的人都需要师长花精力去鼓"励"，所以要出"力"。

三、口诀辨字形。

对于一些音和形都较难分辨的形近字，我们就可以根据它们的音、形不同点，编成顺口溜来帮助辨别、记忆。例如，对"己""已""巳"3个字，可以编成这样的口诀："关巳不关己，半关是个已。"再如对"渴""喝"两个字可以编成这样的口诀："渴了要用水，喝水要用嘴。"

作为 3 年级孩子的家长，在辅导孩子进行形近字辨析的时候，不妨也试一试这些方法，相信你的孩子也会取得不错的成效。

方法二：多在错别字、病句上下工夫

作为 3 年级孩子的家长，在帮助孩子积累基础知识的时候，一定要注意这样一点：避免孩子犯写错别字、病句的坏习惯。

我之所以会强调这两点，是因为 3 年级孩子特别容易犯写错别字、病句这两个错误。

就拿一个 3 年级学生的作文来说：

今天，我到南湖公圆（园）去玩，哪（那）里的风景真美。杨柳垂着常常（长长）的头发，微风吹来，好像在不停地招手。假山神态各异，有点像狮子，站立着，仿佛在站岗。有点像免（兔）子，聚在一起，翅（翘）起了尾巴，似乎在窃窃私语，有点像老大大（太太），拄着拐杖，手换着蓝（篮）子，在赶集市。

这段文字，写得还算不错。比拟、比喻等修辞方法，用得也较妥帖。有些地方还运用了联想，描写得也很到位，从表达能力来看，可以打 85 分以上。但文字基本功太差，错别字太多，总体只能打 60 分。

在与身边 3 年级老师交流过程中，他们也普遍道出了这样一种情况：学生们的作文本上，往往一句话里就有好几个错别字，更有甚者，语法逻辑更是乱得一塌糊涂。结果可想而知，这不仅影响孩子对语言的理解，更严重影响了孩子作文能力的提升。特别需要提及的是，如果在孩子低年级的时候，家长不能帮助孩子改掉这些坏习惯，到了高年级，这样的习惯往往很难改变，直接影响孩子的成绩，进而对孩子今后的学习生活造成难以弥补的后果。

既然这两点对孩子的影响如此巨大，家长们该怎么做才能帮助孩子夯实基础，准确掌握词、句，避免犯这样的错误呢？

以上述学生的作文为例，我找出了孩子们爱写错别字的三个方面：

一是同音别字，文中如："公园"写成"公圆"，"那里"写成"哪里"，"长长"写成"常常"，"篮子"写成"蓝子"。学生写错别字最多的，就属这一类。

二是相似别字，即相近的字形相混淆而形成的错别字，文中如："兔子"写成"免子"，"翘起"写成"翅起"，"老太太"写成"老大大"。这一类也比较常见。

三是错字，由于疏忽，有的缺笔画，有的多笔画。这一类，平时多引起注意就能避免。

找到了孩子写错别字的原因所在，想要避免也就容易多了，最好的方法就是帮孩子弄清该字的意思。

一位聪明的妈妈是这样做的：

女儿小羽是个聪明可爱的小丫头，古诗词、课文背得都顺溜极了，可就是经常犯写错别字的毛病。比如，"燥"和"躁"她就常常会混淆，这个时候，我就会耐心地给她解释：人生气的时候往往会跺脚，所以，"暴躁"中的"躁"用足字旁，而"燥"则和火有关，比如"干燥"，我这样一解释，女儿很快就能把这些字区分开来，并且以后都不会犯这样的错误了。

家长在辅导孩子纠正错别字的过程中，如果能够真正帮助孩子理解字义，也就能够从根本上避免孩子再写错别字。

至于孩子容易写病句的情况，如果家长注意观察就会发现，那些爱写病句的孩子，常常是那些说话颠三倒四、没有逻辑和条理的孩子，想要避免孩子写病句，家长就要注意在生活之中，对孩子一些不正确的表达方式及时纠正，尽量引导孩子把问题用清楚条理的言语表现出来，久而久之，孩子写病句的情况就能得到改观。

一位家长就是这样在生活中纠正孩子的语法逻辑的：

儿子浩浩上 3 年级的时候,说话还经常条理不清,没个章法,看着孩子说句话都费劲的样子,我真替他着急:孩子说话这样没有逻辑,语病连天,语文怎么可能学得好呢?

知道事情的严重性,我开始寻求解决之道。在平时,我开始有意培养孩子语言表达的逻辑性。儿子喜欢玩沙子,这两天赶上下雨,沙子里面湿着还没干,而外面却已经干了,当儿子把沙子翻开时,露出里外不一样的颜色。于是我有意问他:"浩浩,这里面的沙子和外面的沙子颜色为什么不一样啊?"儿子仰着头看我:"里面沙子没干,外面沙子干了,因为下雨了,外面的沙子是因为在外面……"我打断他的话,告诉他:"儿子,妈妈是在问你为什么这两种沙子的颜色不一样,而没问你其他问题啊!"我在话语中特意加重了"颜色不一样"几个字。浩浩听完后,琢磨了一会儿:"是因为一个沙子是干的,一个沙子是湿的,所以颜色不一样!"我指着沙子又问:"为什么这个沙子湿,而这个沙子干呢?"儿子想了想说:"因为下雨了,沙子就湿了。外面的沙子有风吹到了,接触到空气了,就干了。这个沙子在里面,风吹不到,所以是湿的!"

知道儿子已经能够抓住我问题的重点,我欣慰地笑了。

在 3 年级这个特殊阶段,家长就该引导孩子清楚、有条理地回答问题,就像例子中的妈妈那样,让孩子明白:问你什么,你就回答什么,这样你的话语才更具逻辑性!

孩子能够清楚表达自己的意思,就能够避免犯一些语法逻辑的错误,避免说一些病句、条理不清的话,长期这样坚持下来,也就能克服写病句的毛病了。

方法三:提升概括力,是学好语文的关键

一位 3 年级的学生曾经向我抱怨:"老师,语文怎么越来越难学了啊?以前,很多问题的答案我在文章中都能找到,可是现在,我怎么找

不到了呢？"

答案很简单，升入 3 年级之后，语文学习已经发生了一个明显的变化，就是对概括能力有了一定的要求。单纯地从文章中寻找现成的答案，已经不再适用这个阶段的学习。

了解了这些，家长在辅导孩子学习语文的过程中，就要格外注重提升孩子的概括能力。

孩子的概括能力如何提高呢？

在一次 3 年级家长会上，有家长这样介绍自己的经验：

我的女儿铭铭上 3 年级之后，语文成绩开始出现下滑，在研究了孩子的试卷之后，我发现了问题所在：3 年级语文已经开始注重概括能力，而刚刚从 2 年级升上来的女儿，显然还不能适应这个变化。找到了问题所在，我开始寻找应对之法。

周末，我开始经常带着女儿光顾图书馆、书店，让她随便挑选喜欢的书看，回家之后，我会有意无意地和女儿聊起在图书馆或者书店看了什么书，书中大概讲的是什么。开始总是女儿在听，时间长了，女儿也开始学着我的样子复述起故事来。刚开始复述，女儿有些磕磕巴巴，我总是耐心地等着她回想故事情节，引导她用简洁的话语表达出来。3个月后，女儿的概括能力果然有了极大的提高，再做语文题目时也就轻松多了，成绩自然也就逐渐提了上去。

对于语文概括能力的培养，复述是一种最见效、最简便的方式。这一点在例子中就得到了很好的体现。当家长有意培养孩子的复述能力之后，孩子的概括能力也随之得到了极大的提升，在学习语文的过程中，自然更加得心应手。

方法四：在课本外下工夫——每天设立一个朗读时间

教学多年，我有这样一个发现：爱朗读的孩子，大多语文学得好；

语文学得好的孩子,大多爱朗读。

与我的发现不谋而合,一些教育学专家也提出了这样的观点:朗读对于语文学习来说有着意想不到的作用。

的确,对于以语言文字为主体的语文,我们只有去朗读,才能读出字里行间的优美意境,使人不自觉地进入一个语文的世界,感悟到文字的魅力。3年级的孩子想象力尤其丰富,在朗读的过程中,更是能够在脑海中描绘出一幅幅优美的画面,自己构造出独特的语言文字世界。

此外,孩子在朗读的过程中会充分调动感官,这不仅有利于提升感悟能力、演讲能力,更会提升作文能力。

所以,作为家长,想要孩子学好语文,每天给孩子一点朗读的时间就非常有必要。不用管孩子是否能够全部理解,也不用要求背诵,只需要每天朗读一点,日积月累,孩子的语文水平就会在潜移默化中突飞猛进。

一位妈妈就和孩子订立了"每天的朗读时间",并且受益匪浅。

女儿潇潇识字以后,我就开始有意地给她设定一定的朗读时间,比如读一些童话故事、寓言故事。随着女儿年龄的增长,我们朗读的内容也开始发生变化。女儿上小学以后,我经常会找一些名篇名段和她一同朗读,朗读后,小丫头还会把那些优美的词句、富有哲理的名言抄到自己的本子上。一直这样坚持下来,到小学高年级的时候,女儿的很多同学都说,语文变难了,可女儿不仅没觉得语文难,还觉得更加有意思呢! 女儿的语文成绩也一直名列前茅。

为什么上述家长的孩子会在别人都感到语文难学的时候,依然保持着极高的学习热情呢? 这跟她的朗读习惯有着很大的关系。长期的朗读让孩子对文字产生了一种浓厚的兴趣和偏好,也产生了一种对文字的敏感,学习语文的时候,相比于其他孩子轻松得多,语文成绩一路平稳也便在情理之中。

所以，作为 3 年级孩子的家长，想要孩子学好语文，就要懂得善加利用朗读这式妙招，激发孩子学习语文的兴趣。孩子对语文充满热情了，就会积极地去思考学习的方法，主动去积累知识，学好语文也就不是难事了。

方法五：养成随时翻词典的习惯

关于培养孩子的阅读能力，我自己在教育孩子的过程中，有这样一点深刻的体会：

帮助孩子养成随时翻词典的习惯，对孩子阅读能力的养成非常有帮助。

孩子上小学以后，每当看书、学习时遇到不认识的字词，我并不急于告诉孩子该怎么读、怎么理解，而是让他自己去查词典。刚开始，孩子嫌麻烦，对我的做法有些不满，但他查了几次之后，渐渐感受到了自己查词典获得知识的乐趣，以后再碰到不认识的字词、成语，不用我说就会自己去查阅词典。一直坚持着这个习惯，孩子基础知识掌握得特别牢固，并且词汇量丰富。

在小学阶段的学习过程当中，他不仅没有遇到阅读方面的困难，写作能力也比同龄人强出许多……

作为 3 年级孩子的家长，想要培养孩子的阅读能力，不妨借鉴一下我的这种方法，在孩子读书过程中，遇到语音、语意不清楚的地方，不要急着去告诉他答案，一定要对孩子说"自己拿出词典查一查"，引导孩子养成随时查阅辞典的习惯。孩子能够把词典当成"朋友"了，也就能够从辞典中得到更多的知识，打下坚固的阅读基础，阅读能力得到提升也就是水到渠成的事情了。

三 3年级，提升孩子的阅读能力是关键

3年级一次期末考试之后，一位家长带着孩子来找我，一脸焦虑地问："老师，我的孩子成绩怎么总是上不去呢？"

翻出孩子以往的试卷，我跟家长、孩子一起分析孩子考不好的原因所在，当我指着一道题问孩子某个相关的知识点时，孩子露出一脸恍然大悟的表情："原来是要考这个呀！我都没看懂题目……"

看着孩子的这种表现，我找到了这个孩子成绩一直上不去的症结所在，就是因为他做题的时候，连题目的意思都没有弄明白，这样糊里糊涂地做题，自然是做不对了，也就更不可能考好。

在和身边很多资深教师交谈过程中，他们也都表达过这样一种观点：小学阶段，孩子的成绩是好还是坏，学习能力是强还是弱，与他们的阅读理解能力息息相关。

我的一位学生晓晨对此可谓是感触颇深：

从我识字开始，我就喜欢阅读，不管是漫画书、童话故事书，还是一些文学名著，只要是我能看得到、摸得着的，我都会拿来读一读，不认识的字词，有的问爸爸妈妈，有的去查字典，一直这样坚持着。小学1-2年级的时候，还没有看出什么效果，一升入3年级，我惊奇地发现，同学们认为那些不好懂的题目、不好理解的句子，在我看来其实没有一点难度……这样学习起来，我明显感觉轻松，成绩也是一直遥遥领先。

仔细想想，的确如此。阅读理解能力强，自然理解题目的能力就

强；阅读能力强，语文自然就学得好，更能很快理解数学题目的题意，尽快找到解题方法……

在小学高年级以及中学，需要阅读理解的题目，更是占很大一部分。若是孩子阅读理解能力不强，在今后的学习生涯中，不管是语文阅读分析，还是数学题意提取，无疑都会遇到很多困难。所以，从3年级开始，家长培养孩子的阅读理解能力就非常有必要。

关于这一点，也曾有家长问过我："既然阅读能力对孩子的学习来说有着如此巨大的影响，我们该从哪些方面着手，才能提升孩子的阅读能力呢？"

其实，想要提升孩子的阅读能力并不难，总的来说，阅读能力提升的最快方法就一个：多读。

家长们或许都有这样的经验，当我们不明白一个句子或者一段话是什么意思时，反复把这个句子或是这段话读上几遍，心中往往就能大略明白它们到底是什么意思。这也就是多读的妙处所在。当然，家长还要明白这样一点：多读并不是要孩子盲目地读，多读也是有一些技巧的。

具体而言，家长指导孩子按照以下方法阅读效果会很好：

方法一：带着问题阅读

每当有家长向我问及如何提高孩子的阅读能力时，我首先想到的就是这点：带着问题阅读。

带着问题阅读，才能有的放矢，知道自己想要从阅读过程中得到什么，具有一定的目的性，阅读效果才会更佳。

一位亲自培养过儿子阅读能力的妈妈对此可谓是深有体会：

儿子上3年级以后，学习成绩出现下降。经过一段时间的观察，我发现儿子之所以成绩会下滑，就在于他阅读能力差。怎么提高孩子的阅读能力呢？我想到自己上大学时常用的一种阅读方法：带着问题阅读。为了重新培养起儿子阅读的兴趣，我会经常找一些有趣的书来看，儿子看我看得津津有味，禁不住好奇也会跟着一起看。在儿子看书的过程中，我就会有意无意地给孩子设置一些问题。

比如读一篇关于菊花的文章，我就会问："菊花是什么样的？美在哪里？"因为儿子是带着问题去读文章的，所以就会特别留意相关的方面。读完之后我再适当地加以引导，让他的思维更明晰……久而久之，儿子阅读的能力也就提上来了。阅读能力一强，不论是做语文阅读理解题目，还是分析数学题目的题意都不再是难事，儿子的成绩慢慢也就好了起来。

在日常教学过程中，我运用这个方法教育学生，同样取得了不错的效果。比如，在每堂语文课开讲之前，我都会布置这样一个任务：先看课后问题。当学生们对课后问题有一个大概的了解之后，带着这些问题再读课文，往往就能事半功倍，既能快速地理解文章内容，又能对文章内容做出全面的概括。长期这样坚持下来，我的学生阅读理解能力一般都很强。

所以，作为3年级孩子的家长，想要提升孩子的阅读能力，不妨试一试这个方法，相信会取得不错的成效。

方法二：养成写读后感的习惯

在与一些3年级孩子聊天的过程中，我发现了这样一个现象：

凡是那些阅读能力差的孩子，都是那些不喜欢思考，读书盲目的孩子；凡是那些阅读能力强的孩子，都是那些善于思考，喜欢从书中总结出自己见解的孩子。

关于这一点，邻居家的孩子就是一个很好的例子：

邻居家的孩子晓茵今年上3年级，同其他孩子不一样，晓茵并没

有因为升到3年级出现成绩下滑现象，语文成绩更是一直保持着年级前几名。对此，我很是好奇。

一次我去邻居家做客，闲来无事到孩子的书房转了转，居然发现晓茵正在书桌旁埋头写着什么，一见我进门，晓茵有点不好意思地说："老师，我刚刚写了一篇读后感，您帮我看看吧？"接过晓茵写的读后感，我大略看了一下，发现这个孩子对问题的看法竟比同龄人要强很多，于是我问她："你一直都有写读后感的习惯吗？"晓茵点点头说："每当我读过一篇文章以后，我都会想一下，文章哪里写得好，我为什么会觉得它好，哪里写得不好，我又为什么觉得它不好……"听晓茵说得有板有眼，我终于明白了晓茵能够一直保持成绩优秀的原因所在，就是因为她在不断阅读思考的过程中，思维能力得到了极大的锻炼，理解问题的能力、看待问题的深度都比同龄人强许多。

读完一篇文章，把所思所想写出来，这个过程不仅能积极调动大脑思考，对于完善孩子的逻辑思维能力更是大有裨益。就像邻居家的孩子，在写的过程中，积极地加入了自己的思考，她看待问题的深度和广度就会随之提高，阅读能力也就会随之登上一个新的高度。

也正是从这一点上讲，作为3年级孩子的家长，在家中辅导孩子学习的过程中，时常让孩子写写读后感，就非常有必要。

需要注意的是，即便有时候，孩子的观点可能与文章有些相悖，有些离题万里，家长也不要过于苛责孩子，避免伤害孩子的自尊心，挫伤孩子阅读的积极性。家长能够做到这些，孩子阅读能力的提升也就不难了。

方法三：广泛涉猎，阅读能力自然提高

在办公室和一些3年级老师聊天的时候，有老师提到这样一种说法：有的孩子之所以阅读能力差，就在于这些孩子读的书少。

乍听之下，这话好像有些武断，仔细想想，却很有道理。读的书少，知识面就窄，知识面窄，理解问题的能力就差，理解问题的能力差，也就不能很好、很快地解决问题，学习成绩的提高也就无从谈起了。

我就曾教过这样一个学生：

他阅读理解能力很差，很多题目他经常会读不懂，做题稀里糊涂，成绩也就一直不理想。在和他交流过程中，我了解到，这个孩子平时读的书很少，除了偶尔看两眼课本，几乎什么课外书都不看。知道了这些，对这个孩子糟糕的学习状况，我也就不觉得奇怪了。

为了帮助孩子提升阅读能力，我给他支了这样一招：多读书、广泛涉猎。孩子对我的话将信将疑，不过却真的开始注重多读一些课外书，不管是文学类的还是史学类的，他都尽量涉猎。这样坚持了大概半学期，这个孩子兴奋地告诉我，他的阅读能力已经不知不觉间提高了很多。

无独有偶，一次3年级学生学习交流会上，一位成绩优异的学生也这样介绍自己的经验：

我没什么经验，就是爱读书而已。我家的藏书很多，像《三国演义》《水浒传》《西游记》《隋唐演义》……有时间，我总要拿着看看……时间长了我发现，我的阅读能力比身边很多同学都要强一些……

这位同学的经验确实有一定的道理。阅读能力大多是在平时点滴积累的过程中慢慢养成的，尤其是对各种文体、不同领域的涉猎，更是能够开阔孩子的阅读视野，增长孩子的眼界。当孩子的知识积累达到了一定的程度，自然就会建立自己的个人阅读观，具备一定的鉴赏能力、把握文字重点的能力。

当然，作为3年级孩子的家长，在培养孩子广泛阅读的习惯时，还要注意这样一点：不要对孩子进行硬性的说教，强迫孩子去读书。我们在前面已说过，在3年级这个阶段，孩子已经具备了自我意识、自尊意识，当家长强迫孩子去做某事的时候，孩子很可能会不愿合作，从而事与愿违。

四 3年级，提升孩子写作能力的几个要点

在课下与3年级孩子们一起聊天的时候，他们经常会发出这样的抱怨：

"老师，如果语文没有作文多好啊！"

"作文真难写，我憋半天也写不出一句话来。"

"我最怕老师留作文了，都不知道该写什么。"

……

孩子们为什么会对作文如此畏难？这与家长对孩子的早期引导有关。在孩子小的时候，如果家长就引导孩子观察生活，注重对孩子语言表达能力的培养，帮助孩子积累词汇，培养起孩子对作文的兴趣，那么等孩子上3年级，甚至高年级之后，就不会对作文如此无所适从，而是驾轻就熟了。

关于这一点，我的一位朋友可谓是感触颇深：

儿子龙龙6岁的时候，我就有意培养他的作文能力，当时孩子还没有上小学，认识的字不多，我就利用录音机把孩子想要表达的意思录下来。比如，我带龙龙去动物园玩，从动物园玩完回家，我对他说："你能用一两句话形容一下给你印象最深的动物吗？随便说，想怎么说就怎么说！"这像游戏，他觉得挺好玩，便对着录音机信口开河。自然，大多是白话，没什么文采可言，但有个别语句确实精彩。比如《白熊》："我知道你为什么这么白，因为北极的冰雪把你染的。"再如《大象》："你长长的鼻子，多像公园的滑梯！"……

儿子说完之后，我就告诉儿子：这就是作文。他眨眨眼睛，"不难嘛，就是对着录音机没完没了地说。"

孩子对着录音机说话，想怎么说就怎么说，思维不受限制，想象力非常丰富，等他上3年级接触作文的时候，很轻松地就能完成老师布置的任务。

这位家长的做法就很具有科学性，在孩子对作文还没有任何概念的时候，让孩子在一种不知不觉的状态下，感受到创作的快乐，孩子心中就会产生一种作文其实不难的想法。心理上克服了对作文的畏难情绪，在写作文的时候，也就能够泰然自若、得心应手了。就像例子中的孩子一样，虽然一开始认识的字不多，但家长利用对着录音机说话的方式让孩子自由发挥，不仅锻炼了孩子的叙述能力、想象能力，更是让孩子在潜移默化中提升了学习的信心。

或许有的家长会说："你说的方法是需要从小就开始培养的，我的孩子都已经3年级了，正面临着写作这个'坎儿'，现在才开始着手培养他的写作能力是不是有些晚了呢？"

其实，家长只要能够抓住孩子3年级这个关键阶段，培养孩子的写作能力并不算晚。3年级孩子已经具备了一定的理性思维能力和自我意识，家长在这个时期若是能够给他创造充分展现自己的机会，孩子的表现往往会出乎家长的意料。

具体而言，家长可以在如下方面锻炼孩子的写作能力：

方法一：观察能力很重要

对于3年级的孩子来说，作文难度还不是很大，基本就是描写身边发生的事，展现自己的想法和内心的喜怒哀乐。如果3年级的孩子写作文时，认为无话可说，没什么东西可写，那只能说明孩子观察生活、体味生活的能力较差。

关于这一点，在给孩子们上过一次观察课后，我更是深有体会：

周末，我带学生到公园去玩。回来后，我给大家布置了一个任务：把在公园看到的景或事描写出来。那些观察能力强的孩子洋洋洒洒写了两页作文纸，而那些不善观察的学生则是咬着笔头憋了半天也写不出来。

面对这样的情况，家长或许会感到不解：同样是 3 年级的孩子，为什么有的孩子观察能力强，而有的孩子观察能力弱呢？

其实，归根结底还是家长在家庭中的辅导工作做得是否到位。

在楼下小区散步的时候，我对这样两位家长印象犹深：

一位家长领着自己的孩子漫无目的地晃来晃去，东张西望，转了一会儿就带着孩子回家了。

而另一位家长在带着孩子散步的时候，则边走边问："娟娟，你看那边那只小猫，多可爱啊，你能给妈妈描述一下小猫的形状、颜色、动作吗？"小女孩似乎对妈妈的问题很好奇，真的认真观察起那只小猫来，边观察边自言自语道："小猫圆滚滚的，毛茸茸的，长着黄色的皮毛，有一双蓝色的眼睛，懒懒地打着哈欠……"

看到这里，家长是不是明白了孩子观察能力强弱有别的原因所在呢？就在于家长是否善于为孩子创造一个观察的条件。就像例子中提到的两位妈妈一样，同样是散步这样一件小事，前一位妈妈就没有意识到，就是在这样的小事中，也可以培养孩子的观察能力，而后一位妈妈则充分利用起了散步的机会，给孩子创造一切观察的条件。

那么家长在给孩子创造观察的条件时，应该注意什么呢？

一位对此颇有经验的妈妈这样总结：

在培养女儿观察能力的过程中，我一直遵循着这样两个要点：

其一，在观察前，让孩子明确观察目的。比如，带孩子去动物园，我就会提醒孩子观察老虎的身体形状、走动姿势、眼睛大小、声音等等方面。孩子心中有数,在观察的时候才能有的放矢,从而总结出更多的观察经验。

其二,培养孩子一定的观察顺序,告诉孩子如何看,先看什么,再看什么。比如我带孩子看大象,边看边提出一系列问题让孩子回答,如:大象的身体大不大?牙长在什么地方?鼻子有什么特点?鼻子是干什么的?经过我有意识的启发,孩子也就学会了正确的观察方法。

3年级的孩子本来就好奇心强,求知欲旺盛,家长若是能很好地利用孩子这一天性,经常带领孩子到大自然中去,让孩子在尽情玩耍之中,观察万物的悄然变化,不仅能使孩子从中学到知识,体验观察的乐趣,又能促使孩子多思考,为今后写作能力的培养打下基础。

当然,家长在这样做的时候,还需要注意这样一点:在给孩子明确观察目的时,家长的态度要自然,要让孩子觉得观察是一件快乐的事情,而不是一项艰苦的任务,孩子感受不到压力,也就能带着快乐去体验、观察。

方法二:善于积累妙词佳句

在多年教学过程中,我总结出这样一条经验:写作能力的练就,是一个日积月累的过程,一是写作素材的积累,二是词汇的积累,做好了这两方面的准备之后,再提笔写作,也就能够下笔如有神了。

关于这一点,在我的两位学生身上体现得就十分明显:

林洋和张俊是我班上的两名学生,两个人学习都很认真,也都非常聪明。但是一写作文,两个人的反应就大不相同了:林洋提笔就能写,往往当堂就能完成作文题目,而张俊则是一脸苦闷,咬着笔杆憋得满脸通红愣是写不出一个字来。

同样是3年级的孩子,同样都非常聪明,为什么在写作能力上,两个孩子会有这么大的差异呢?

在课下和这两个孩子聊天的时候，我找到了答案：

林洋告诉我，他从1年级识字开始，妈妈就给他准备了一个小本子，每当读书的时候，看到不认识的字词、句子，觉得写得不错的话，惹人深思的小故事……他都会抄到小本子上，隔三差五地拿出来看看。长期积累，等他升到3年级的时候，别人所头疼的写作文反而成了他最喜欢做的事。

张俊则不好意思地告诉我，他读书从来就是马马虎虎、虎头蛇尾，更不用说抄写什么好句子了……

看到这里，家长朋友们想必已经明白了这两个孩子的写作能力为何有着那么大的差距。不错，就在于平时是否注意积累。不管是词汇量的储备，还是写作素材的积攒，都是一个循序渐进的过程。当这个量达到一定程度的时候，就会达到一个质的飞跃，孩子的写作能力就能得到极大的提升。

尤其是3年级的孩子，可塑性极强，领悟力也有了一定的发展，如果能够将平时读书时看到的妙词佳句摘抄下来，时不时地回味、运用，那么孩子的写作能力就会在不知不觉间迈入一个新的台阶。

方法三：审题要明确

在批阅3年级孩子作文的时候，我发现孩子们常犯这样一个错误：审题不清、立意不明。这也就造成了一部分学生在写作文时，常常会出现跑题的现象。比方说：

暑假的时候我给孩子们留了这样一个作文题目：《我的暑假生活》，结果有的孩子把时间写成了寒假，有的孩子把重点放在了家庭成员身上……结果可想而知，作文跑题，想要得到高分自然是不可能的了。

我的一位学生就曾经为这个问题苦恼地找过我："老师，我的作文每次都跑题，每次都不能拿高分，你能告诉我一些诀窍，让我不跑题吗？"

其实，想要写作不跑题，也并不是什么难事。根据多年教学经验，我总结了以下三个窍门：

窍门一：审明范围。即，我们要明确题目对所选材料在时间、空间、数量、对象及内容上有哪些限制。如果搞不清楚这些范围，忽视了题目对某方面的限制，作文时就很容易跑题。

比如：《暑假生活片断》，限制了选材的范围——暑假生活；《我的妈妈》，点明了记叙的对象——妈妈；《快乐的星期天》，规定了选材的时间——星期天；《游北海公园》，规定了选材的地点——北海公园；《记小学生活中的一件事》，限制了数量——一件事，不能写两件或3件事。

窍门二：审准重点。看了作文题，要想一想题目的重点应该写什么。

比如《雷锋的事迹教育了我》，这个题目的重点在"教育"二字上，既要写"雷锋的事迹"，又要写"我"从中受到哪些"教育"。如果只写雷锋的事迹，而没有写对"我"的教育，那就成了雷锋的故事；如果只写了对"我"的教育，表表决心，也是轻重倒置，重点不突出。

窍门三：认真分析比较。有的时候，孩子们作文之所以会写跑题还有这样一个原因，那就是看题目看得不准确，急于下笔。

比如，《我和妈妈》与《我的妈妈》这两篇题目所写的侧重点就不一样，前者要求写"我"和"妈妈"两个人，注重二者之间的关系，后者要求写"妈妈"一个人。虽只是一字之差，但孩子若是看不准确，就会写偏、跑题。

所以，作为家长，在一开始培养孩子写作能力的时候，就该充分注意到这些。

我所熟悉的一位家长在听取了我的这些方法之后，就收到了不错的效果：

儿子斌斌以前写作文总是跑题，从孩子老师那里取经之后，我开始按照老师的方法辅导孩子。比如，孩子写命题作文《在学校里发生的一件事》，我就开始和孩子一起分析，题目限定地点——学校，而不是家里，也不是大街上。题目限定数量——一件事，而不是两件事、3件事。这样分析的次数多了，斌斌也开始试着自己分析题目中的要素，推敲题目中词语的意思及词与词之间的关系……现在，斌斌写作文的时候不跑题了，作文的成绩也提升了一大截。

审题能力的强弱决定着写作水平的高低。也正是从这一点上说，在孩子3年级刚刚接触作文的时候，家长及时地引导孩子掌握正确的审题方式就非常有必要。当孩子能够审明作文要求，也就能够抓住写作重点，写出好的作文也就容易多了。

方法四：注重运用修辞方法

人需要穿衣打扮来装饰自己，看起来才美观、大方。同样，作文也需要一定的装饰，才会文采飞扬，这些装饰就是修辞方法。

在给很多3年级孩子讲课的过程中，我一直向孩子们传达着这样一种思想：修辞方法是给作文增光添彩的一件秘密武器，用得好，作文自然能拿高分，用得不好作文不仅看起来枯燥乏味，还可能闹笑话。

关于这一点，在我的一个学生身上表现得就很明显：

因为小学3年级的作文已经有了一定的字数要求，所以每次写作文对男孩壮壮来说都是非常痛苦的一件事情。每次他写作文总是把事情的经过描写完即可，不知道加进一些自己的心理活动或感受，所写的作文也是干巴巴的，索然无味。

打个比方：我留了一篇作文《我的周末》。这个孩子这样写道："周末，爸爸妈妈都出去了，我一个人在家，非常无聊。真无聊、无聊……"

看到整页作文本上那好几十个"无聊"，我真是哭笑不得。显而易见，这个孩子词汇量少、想象力匮乏，更谈不上运用修辞方法。这样的作文当然也就得不了高分。

作为3年级孩子的家长，当你发现自己的孩子出现上述问题的时候，就该引起注意，想想自己该怎么做才能帮助孩子学会修饰自己的作文，而不是在那干巴巴地讲一个索然无味的事情。

在实际教学过程中，我是这样帮助壮壮同学的：

拿着壮壮的作文，看着他一脸的不安，我平心静气地说："你能把周末自己在家的感受写出来，这很好，但这篇文章却不生动，你仔细读读，是不是觉得这作文有点干巴巴的，不能很好地表达你的感受呢？"

壮壮点点头问我："老师，如何才能让我的作文生动呢？"

于是我问道："爸爸妈妈都出门之后，你自己在家为什么会感觉无聊呢？"

"因为没事可做，没人陪我玩，连看动画片都没意思了。"壮壮说。

"这种感觉像什么呢？"我故意又问。

"像一只被人丢弃的小猫，没人理，没人爱……"壮壮委屈地说。

"那你觉得没意思的时候都想些什么呢？"我又问。

"我会想，爸爸妈妈去哪里了，是不是不要我了……"

"是啊，只要把你当时的感受写出来，不就是很好的一篇文章吗？"

壮壮按照我的方法重新写了作文，果然进步不少："周末，爸爸妈妈都出去了，家里没人，我一个人在家没事可做，没人陪我，我像一只没人理、没人爱的小猫儿，连看动画片都没意思了……爸爸妈妈去哪里了呢，是不是不要我了……"

其实，家长在辅导孩子写作文的时候，只要肯用些心，引导孩子感悟修辞的魅力，就能让孩子在不知不觉间去应用一些修辞方式为自己的作文增光添彩……就像我的学生壮壮，把无聊时的自己比喻成一只被人遗弃的小猫，就非常生动。

在 3 年级阶段，孩子们最常用的修辞方式无外乎就是比喻、排比和拟人。所以，作为家长，在这个阶段只要能够让孩子在阅读和写作的过程中慢慢感悟到这些修辞方式的美妙，孩子在今后写作过程中就会自觉地去运用。

当然，家长在引导孩子运用修辞方法的时候，还要注意这样一点：写作文并不是修辞方法的堆砌，要防止孩子只追求形式，不顾结果，造成作文的华而不实。

方法五：反复修改一篇作文

想要提升作文水平，反复修改一篇作文是一个最简单的方法。

当我把这个方法跟一些 3 年级孩子的家长说的时候，很多家长对此费解："修改自己写过的作文，真有这么大的益处吗？"

要我说，是的。我们都有这样的经验：一件事情做得哪里不妥当，自己做完之后，心里往往就会有一个衡量，哪里不足也是自己最清楚。写作也是这个样子，孩子在一遍一遍读着自己写过的东西时，自然而然就能发现缺点和不足，在不断的自我批评和改正的过程中，写作能力就能得到不断的增长。

我的一位学生就得益于此：

3 年级的学生小飞，刚开始接触作文时，写得也不是很好，后来，这个学生跑来找我，我教给他这么一个方法：反复修改一篇作文，哪怕只是变换作文中的一个词语，给某个句子换一种表达方式，然后看看效果是不是就和以前大不相同。

小飞按照我的方法修改作文，每次改完之后都会兴冲冲地跑来找我看。一次、两次……反复修改之后，小飞自己都能觉出自己的作文与第一次相比，迈上了一个大台阶。一直坚持这个方法，大概 3 个月后，小飞的写作能力果然得到了突飞猛进的发展……

我这位学生的例子,可谓是给家长们指出了一条培养孩子写作能力的捷径。在和很多资深教师交流过程中,他们都提到了这样一点:对于写作能力而言,改好一篇作文比乱写三篇作文更有效。

仔细想想确实是这样,盲目地去写作文,而不知道自己的不足在哪里,就算写上十篇百篇,不足之处还是会存在,还是会影响写作的水平。在这个意义上说,保质保量地修改好一篇作文就显得至关重要了。

当然,在这样做的时候,很多家长也存在这样的疑虑:孩子不喜欢改作文怎么办?

其实,家长完全可以在家里每周或每月安排一次作文课,自己和孩子一同坐下来,拿出孩子在学校的习作,一同鉴赏。家长如果对此热情高涨,孩子往往也会受到感染,不自觉地就会配合起来。

一位妈妈就曾这样说起过和孩子一起上过的"作文鉴赏课":

周末上午,是我和儿子一起鉴赏作文的时间。在这段时间里,我会和儿子一起朗读他的作文,然后分析每一个句子,和儿子一起研究怎样写会更好,像换某个词汇,或者换一种说法会怎样。比如,儿子描写雪景的时候,有这样一句话:"雪下得真大,外面都是白的,地上也是白的……"我就笑着问儿子:"外面都是白的,不就包括地上了吗?你看怎么换一下说法?"儿子挠着头想了想:"外面白茫茫的一片,好像一个冰雕玉砌的世界……""嗯,儿子真棒,比喻真恰当!"我夸奖孩子道。儿子听了我的夸赞,更来劲儿了:"雪花像是一群顽皮的孩子迫不及待地投入大地妈妈的怀抱……"

通过"作文鉴赏课"的锻炼,儿子在平时写作的时候,总是会想一想,怎么表达才能更加生动,他的写作水平也就得到了逐步的提高。

家长和孩子一同欣赏,孩子才愿意去改,得到了家长的鼓励,孩子才会更加用心。即便孩子的作文一无是处,家长也可以从里面的一个优美句子入手,培养起孩子对作文的信心和兴趣,增强其自我改正的动力。

方法六：仿写、续写也是提升写作能力的捷径

在我班上有这样一位学生：

这位学生叫赵刚，他的写作水平一塌糊涂，但大概过了两个月后，他的作文成绩却有了较大的起色。对此，我很是不解，便问他："你是怎么提高写作能力的呢？"赵刚不好意思地说："老师，其实，我就是多看别人的作文……别人写得好的地方，我就记下来，然后试着模仿，写差不多的句子，时间长了，我自己就能写出不错的句子了……"

听了赵刚的话，我收获颇深。的确，作为刚刚接触作文的3年级孩子，心中对作文还没有一个清晰的概念，还不知道什么样的作文叫做好作文，什么样的作文不算好作文。在这个阶段，家长最需要做的，就是给孩子提供一个模仿的对象。比如，一本好的作文选、一本不错的故事书……都能成为孩子模仿的对象。

帮助孩子仔细研读这些范文，看看别人怎么遣词用句、怎么组织语言。当把这些研究透彻之后，家长再引导孩子模仿这些范文来写。刚开始的时候，孩子的作文肯定没有范文写得好，家长一定不要心浮气躁，随着孩子模仿得越多，对写作技巧越来越熟悉，对写作越来越用心，写作水平自然就会慢慢提上来。

除了仿写之外，续写也是锻炼孩子写作能力的一个不错选择。在教学过程中，我就经常使用这个方法，而且取得了很好的效果。比如：

我在讲完《我家乡的变化》之后，给孩子们留了这样一个作业：看到家乡的变化，你想要在家乡做什么？孩子们写出来的作文五花八门，有说想在家乡搞科技种植的，有说要在家乡开连锁店的……描写生动有趣，十分形象……

作为家长在家里辅导孩子学习时，也可以试一试这个方法，比如和孩子一起看到一个故事，孩子意犹未尽，家长不妨让孩子给故事来写个续。在这样做的过程中,家长需要摆正这样一个观念:孩子续写故事并不是不务正业,相反,因为续写故事不必受写作文的一些形式约束,更有利于孩子想象力的培养。一个拥有丰富想象力的孩子,其写作能力往往是他人所不能及的。

五 3年级，帮孩子提升考试成绩的几个窍门

每当考试过后，总会有一些家长来找我：

"老师，你说我家孩子老是考不好，可怎么办啊？"

"我家孩子平时写作业挺认真的，也很聪明，怎么就是每次考试都不理想呢？"

……

看着家长们为了孩子的学习如此费心，我也是感触颇多。

孩子成绩为什么总是上不去呢？我看，这和家长的这种紧张态度不无关系。

前文我也提到过，家长对孩子成绩的过度关注，不仅对孩子的学习没有帮助，反而会加重孩子的心理负担，造成孩子学习焦虑，成绩不理想。

的确，现实生活中，我们总是能看到这样的家长：一旦孩子成绩考不好，家长就会急得团团转，四处求教，比孩子还在乎成绩；一旦孩子成绩好了，就会对孩子进行奖励，比孩子还高兴。

在家长这种行为影响下成长的孩子，在心理上也就会有着某种缺陷：对成绩看得非常重，并因为成绩的好坏患得患失。当孩子背上了这样的包袱，在学习的过程中就感受不到学习知识的快乐，而一味地去追求好的成绩。孩子把成绩好作为学习的第一要务固然是好事，但孩子的心态因此一旦扭曲，就不见得是好事了。

邻居家的孩子小轩就是一个例子：

小轩今年上 3 年级了,每次考试过后,不用看他的成绩单,只要从这个孩子的脸上我就能看出他成绩的好坏:每次考好之后,这个孩子都会有着一种如释重负的表情,而一旦考得不好就会神情沮丧。对成绩的过分关注,导致这个孩子一到考试的时候就会紧张,考好的次数也就越来越少了……

孩子总是考不好,对学习也就慢慢失去了信心,也就没有了学习的激情,再想要提升成绩,也就变得不可能了。

了解了这些,家长在平时辅导孩子的时候,就要注意自己教育孩子的言语、行为,是不是会让孩子感到压力或紧张,是不是会把自己的焦虑情绪传染给孩子,如果是的话,家长就要赶紧改正了。

这里还有两个帮助孩子提升考试成绩的窍门,家长有必要教给孩子,帮助孩子进一步提高考试成绩:

方法一:把握考试的时间

我班上有这样一位女孩:

女孩名叫雯雯,是 3 年级的学生,人很聪明,学习也很努力,然而就是每次考试都考不好,为此雯雯也很伤心。一次,她找到我说:"老师,这些题我都会啊,就是时间不够用。"

"对大家来说,考试时间是一样的,为什么有的人能在这段时间做完试卷,你却做不完呢?"我问她。

"可是我做过的每一道题都是正确的啊,我为了保证每道题都做正确,做得可慢了……"

听到这里,我算是明白了雯雯为什么总是做不完题目:就是因为她对自己的要求太高,总想保证每道题都做对。

的确,作为学生,面对考试时心中总会有一种神圣之感,在考试的时候,他们大多都很细心、严谨,做题一丝不苟,生怕做错,丢了分数。

除了这种情况，再有一种情况就是，孩子做事容易分神，不能集中精力去做一件事情。这两种情况也就造成了孩子们在考试的时候做题速度慢，在限定时间内做不完题目，而在限定的时间内做不完题目，成绩自然就高不了。

看到这里，家长或许会问："我们该怎么样帮助孩子把速度提上来呢？"

对于家长这个问题，针对上面两种不同的情况，我们需要区别对待。

首先，针对第一种情况，孩子总是害怕做错，不敢往下写，其实就是孩子不自信的表现。家长要做的就是强化孩子的自信心。

我所熟识的一位家长是这样做的：

儿子宁宁是个聪明的孩子，可是每次考试成绩都不理想，在和宁宁交谈之后，我知道儿子之所以成绩不理想，就是因为做题的时候心里没谱，不敢往下做，导致题目做不完失了分。找到了原因所在，我开始从培养孩子的自信心下手，找一些比较简单的题目让孩子来做。

因为题目比较简单，孩子做起来比较顺手，做题的速度也就慢慢提了上来，随着孩子速度提上来，我开始找一些稍微难一点的题目给孩子练习，因为是逐步增加的难度，孩子并没有觉得不适应，做题速度也还可以。当孩子的速度越来越快的时候，我就会表扬孩子："宁宁真棒，做得又快又准！"随着我一次次的表扬，宁宁的自信也慢慢增强起来了，再做题的时候也敢下笔了，速度也就快了起来。

当孩子的自信心被强化以后，再面对题目时就有了自己一定能做对的信心，自然而然也就敢下笔做题了。

其次，针对第二种情况——孩子总是不能集中精力，磨磨蹭蹭，我们则要从培养孩子平时的学习习惯入手。

一位睿智的父亲是这样做的：

儿子兵兵上 3 年级了，不论看书还是写作业，总是坐不住，一会儿上个洗手间，一会儿跑出来和我说句话，半个小时能写完的作业，他总要拖延很长时间才能做完。看儿子这个样子，我跟他说："兵兵，爸爸跟你打个赌。"儿子一听我要跟他打赌立刻来了兴致，兴冲冲地问："打什么赌？""我们就赌你能不能每小时少站起来一次。"儿子一听，马上说："我肯定能少站起来一次……""少站起来还不够，还要看你能不能在最短的时间内把今天学过的东西复习完。""没问题。"儿子的好胜心被我激了起来，拍着胸脯道。

就这样在我的激将之下，儿子开始安静地坐在书桌前看起书来，一次，两次……儿子慢慢养成了优秀的学习习惯。

例子中这位爸爸的做法，在家庭教育学中叫做"减法定律"，是说坏的习惯不是一下子就能改掉的，需要慢慢纠正，在一点一滴的改变中，完成一个蜕变的过程。

当家长按照上述两种方式纠正了孩子不良的学习心态和学习习惯，孩子也就能够善于把握时间，在考场之上镇定自若，进而取得好成绩了。

方法二：确保正确率，学会取舍

在给一些3年级的学生监考之后，我发现这样一个现象：

很多孩子在做题的过程中，一旦碰到难题，不会写的题目，常常就会发懵，或盯着题目发呆，结果一道题盯了半天还是不会做，等他们回过神来，想要做后面的题目时，时间已经不够用了。结果可想而知，因为前面不会做的题目耽误了时间，后面会做的题目没时间做，成绩也就不太理想。

所以，家长在帮助孩子提升考试技巧的时候，一定要注意这样一点：教孩子学会取舍。

一位教子有方的家长是这样做的：

为了帮孩子树立良好的考试时间观念，在日常辅导孩子的过程中，我和孩子有这样一个约定：把每次作业都当成考试。刚开始的时候，孩子经常会碰到不会做的题目，为了把题目解出来咬着笔杆半天不往下写，结果一到"考试"结束，孩子总是"考得"很惨。于是我就告诉他："如果不会做的题目，你先放一放去做后面的题，是不是就能比现在这个结果好一些呢？"孩子点头称是，下次再做作业碰到这样的情况，就学乖了很多，正确率也就慢慢提了上来。

孩子把这个写作业的方法应用到考试当中去，基本能保证会做的题从不失分。

作为小学 3 年级的孩子，做题的时候大多是按部就班地往下做，一旦碰到不会做的题目，就会卡壳，影响做题的心情和解题的思路，出现错误的几率也就大了很多，成绩不好也就无可厚非了。例子中的家长做得就很好，在日常辅导孩子学习的过程中，教给孩子以平和的心态面对题目，学会取舍，正确率也就提高了许多。

六 3年级，提升孩子的智慧远比 提升成绩更重要

每次召开家长会的时候，我总是会听到有些家长抱怨自己的孩子不聪明。

在教学过程中，我也发现这样一个现象：

我提出一个问题，有的孩子马上就能回答上来，反应敏捷，而有的孩子则想半天也答不出个所以然来。

为什么年龄差不多的孩子，对于相同的问题，反应差异会如此大呢？难道答不出问题的孩子天生就笨吗？不是的。孩子聪明不聪明，和家长后天的培养有很大关系。

在书上曾看到过一些关于狼孩的事情：

狼孩出生以后就和狼生活在一起，生活习性皆与狼相似，不会说话，但被发现之后，在人类的后天培养之下，也能掌握一定的词汇，会说几句话，但其智力和同龄人比起来却相差很多。

这一事例就很好地说明了，后天的生长环境对于孩子智力培养所起的重要作用。

无独有偶，我在电视上看到的一个节目，也恰恰说明了这一点：

一个女孩仅仅10岁，就发表了很多诗歌和小说，一时被人们称为"神童"。电视台在采访女孩母亲时，这位母亲说了这样一段话："我在怀孕的时候，就非常注意孩子的胎教，经常阅读优美的文章和词汇。孩子来到这个世上之后，我每天都在孩子耳边朗读……孩子会识字的时候，她能够触摸到的地方，我都放满了书……久而久之，孩子文

学兴趣越来越浓，渐渐开始尝试自己写作、投稿……"

看到这位家长的例子，我想起了一位教育专家说过的话：后天环境不仅影响着孩子各项能力的培养，对提升孩子的智力也有着至关重要的作用。

3年级的孩子大约10岁左右，大脑发育正处在结构和功能完善的关键期，在小学教育中正好处于从低年级到中高年级的过渡期。

在这个阶段，家长的教育若是得当，所取得的效果往往也是惊人的。

我就认识这样一位家长，十分懂得抓住培养孩子智力的关键期：

儿子邦邦上3年级之后，学习上明显表现出吃力，对一些问题反应也不如小时候敏捷了。面对孩子出现的这种情况，我开始琢磨：怎么才能开启孩子的智慧呢？

在研究了一些教育学典籍之后，我决定从培养孩子的逆向思维能力入手。周末的时候，我常常会跟孩子做这样一些游戏，比如反口令，我说起立，孩子要坐下，我说举右手，孩子要举左手……比如我和儿子猜拳，输的一方要笑，赢的一方要"哭"……因为游戏具有一定的趣味性，儿子也喜欢玩，时间一长，儿子的反应能力果然得到了极大的提升，面对其他问题的时候，也能很快想到答案。

每个孩子都不是天生就是聪明的、高智商的，家长在后天的培养对孩子的智力发育起着至关重要的作用。就像我们前面提到的两个例子一样，得不到良好教育的狼孩和自小就被妈妈悉心教育的小女孩，因为后天环境不同，智力发育也就有了天壤之别。

明白了这些，在3年级阶段，家长在培养孩子的智力上就要多下一些工夫。

具体而言，家长可以通过如下方法培养孩子的智慧：

方法一:让孩子参加一些"智慧开启班"

我的一位学生,学习成绩一直都很普通,不拔尖儿,不冒头儿,有时候回答一些问题想半天都答不上来,可是3年级的暑假过后,他变得不一样了,不仅思维变得敏捷多了,成绩也有了大幅度的提升。对他的变化我很是不解,在和孩子家长交流的过程中,家长向我道出了原因所在:

"其实,孩子能变成现在这样,多亏了暑假时参加的一个发散思维训练班,孩子在训练班上课后,每天都有意想不到的收获……思维也变得越来越清晰、敏捷……"

听了家长的话,我恍然大悟。

孩子3年级时,正是大脑内部结构开始完善的阶段,在这个关键时期,家长若是能够及时了解孩子在哪些方面有不足,帮助孩子做一些相关方面的培训,对于孩子智力的提升来说也是一种不错的方式。

我所熟识的一位妈妈就是这样做的:

女儿玲玲上3年级之后,在写作方面明显表现出一些吃力,写出来的东西跟别的孩子比起来差了很多。意识到孩子在写作方面存在不足,暑假的时候,我决定帮孩子报一个作文辅导班。在带着女儿试听了几家辅导班之后,我为女儿选择了一家教学质量和效果都不错的辅导班。一个暑假过后,女儿的写作水平真的有了很大的提高……

时下各种各样的辅导班层出不穷,哪个辅导班才是适合孩子的,作为家长要多费些工夫去考察。如果孩子英语不好,可以帮孩子找一个英语辅导班;孩子逻辑思维能力差,可以帮孩子找一个思维能力拓展班……针对孩子自身的不足,给孩子选择适合他的辅导班,常常能取得不错的效果。就像例子中的妈妈一样,发现孩子写作能力差之后,开始注重对孩子写作方面的培养,带着孩子亲自试听,甄辨辅导班教

学方式适合不适合孩子参加，把这些工作都做好之后，孩子在辅导班上取得一定的进步和成绩也就是早晚的事了。

方法二：增加孩子的爱好，生活丰富，知识就丰富

曾有家长向我询问，如何提高孩子的智力水平，我给出了这样的建议："增加孩子的爱好，生活丰富，知识就丰富。"

很多家长对此不解："增加孩子的爱好、生活内容，孩子的智力就能提高吗？"

是的。有一句话叫做"见多识广"，说的就是这个道理。当一个人的识见越来越丰富的时候，他的世界观、价值观都会随之发生变化，相应地，智力水平也会有一个潜移默化的提升。

在这一点上，我的一位邻居曾经说起过他教育孩子的经历：

在孩子成长过程中，我就很注意寻找孩子身上的"聪明点"，并帮助他将这些"聪明点"放大。比方说，孩子喜欢画画，我就给孩子创造画画的条件，让他尽情地画，随着孩子画得越多，孩子也就越来越渴望了解更多绘画方面的知识，我就会给他提供一些相关方面的书籍或找一些老师给他辅导……比如，孩子喜欢看一些历史类的电视剧，我就多带他去图书馆查阅历史书籍……把孩子的爱好发挥到极致，孩子的兴趣被调动起来，懂的东西越丰富，做事就越有积极性，也就显得更加聪明活泼……

一个爱好就是一个丰富多彩的世界，孩子如果喜欢下棋，就会知道很多的棋类知识，喜欢军事，就会对武器世界、历史事件感兴趣……孩子的每一个爱好背后都可能蕴藏着丰富多彩的知识世界。在家长有意培养孩子兴趣爱好的过程中，孩子就会自觉地对爱好背后的一些知识产生好奇，从而自动自发地去学习、钻研，久而久之，他在某些方面的知识储备，就能达到同龄人所不能及的程度，智力水平也会在不知不觉中不断提升。

第 四 章

3 年级,最应注重培养孩子的多种能力

一 独立能力,让孩子更优秀

二 社交能力,让孩子更富竞争力

三 表达能力,让孩子拥有一流的口才

四 领导能力,赋予孩子杰出的人生

五 自控能力——能管住自己的孩子才有好未来

在多年教学过程中，很多家长曾向我抱怨：

"我家孩子都上 3 年级了，应该有一定的自理能力了，怎么还是什么事都要我们帮他做？"

"孩子总是莫名其妙地发脾气，一写不出作业来就摔本子、扔铅笔，你说这孩子到底是怎么回事呢？"

"我家的孩子学习成绩一直都很不错，不用我担心，但就是有些内向，不管在什么场合都往我身后钻。"

……

每每听到家长们说这样的话，我就会毫不客气地告诉家长，孩子会出现这样的状况，家长有很大一部分责任。

就拿孩子乱发脾气这点来说，孩子为什么会发脾气，家长想过没有呢？

随着孩子升入 3 年级，学习内容开始增多，学习难度开始加大，学习的时间变长了，娱乐的时间变短了……在这样的生活状态下，孩子在学习过程中难免出现厌倦感，这个时候孩子们就会想方设法宣泄自己的情感，变得浮躁不踏实，情绪出现波动，不能静下心来学习，从而造成作业错误很多，成绩时好时坏、起伏较大……家长若是不能解读这些现象背后意味着什么，就很难抓住这个阶段孩子的心理特质，不能对孩子进行行之有效的辅导。

　　3年级阶段，正是激活孩子一生的关键时期，孩子身上出现很多优点的同时，很多方面的能力缺陷也会慢慢表现出来。比如，前文所说的那些例子：孩子凡事都依赖父母，自理能力差；孩子摔本子、扔铅笔，自控能力差；孩子内向，总是躲在家长身后，交往能力差……

　　我们可以想象一下，一个人如果不具备上述基本能力，即便他在学校的成绩再好，步入社会以后，会是什么样子？

　　也正是从这个意义上说，作为家长，在孩子3年级的时候，对孩子进行多种能力的培养就非常有必要。

一 独立能力，让孩子更优秀

在与一些教育专家聊天的过程中，他们普遍认为，现在很多孩子都有一个共同的毛病：习惯依赖。

不管是生活中还是学习中，孩子依赖的毛病非常普遍。

但是，孩子依赖的原因真的全在孩子吗？我看不是，很多时候，是因为家长的教育方式不对造成的。

在和一些家长谈到这个问题的时候，有家长曾对此发表过这样的看法："孩子还小，很多事情他自己应付不来，我们要是不帮他，他要是受伤了、受打击了，怎么办？"

家长的这些担心，在某些意义上说有一定的道理。但是，我们要明白这样一点：3年级的孩子，正处于从小学低年级向中高年级的过渡期，这个阶段孩子是否能够养成独立解决问题的能力，关乎着孩子今后的学习生活是一帆风顺还是挫折重重。孩子年龄小，并不是家长不对其进行各项能力培养的借口。

看到这里，有的家长或许会问："如果我们既想培养孩子的独立能力，又不想在培养孩子独立能力的过程中打击到孩子的积极性、使他受到伤害，该怎么做呢？"

这就需要讲究一定的技巧。

方法一：独立做事——不要对孩子干预太多

其实，孩子在3年级阶段常常会表现出一定的自我独立意向，想要自己独立去做一些事情，然而很多时候，家长对他们的干预和态度，导致了孩子想要独立的愿望落空,间接地阻碍了孩子独立能力的培养。

就拿我亲戚的例子来说:

亲戚家的孩子今年上小学3年级了,经常会表现出一定的独立意识,什么事情都想自己去尝试一下。比如说,看到别人做了一个手工玩具很漂亮,她就也想做一个,但是亲戚一见孩子拿起剪刀就会一脸急色地说:"想要什么跟妈妈说,妈妈帮你弄,乱动剪刀割破手怎么办?"本来兴致高昂的孩子听了亲戚的话,一下子就蔫了,再也提不起自己动手的兴趣。结果可想而知,总是被亲戚捧在手心里的孩子,现在做什么都提不起劲头,独立能力也是越来越差……

看到这里,家长是不是该明白了呢?孩子具不具备独立性,独立性是强是弱,跟家长后天对待孩子的态度有着重要的关系。

意大利著名的教育家蒙台梭利就十分重视对孩子进行独立性培养,她说:"教育首先要引导孩子沿着独立的道路前进。"她认为儿童自身有巨大的发展潜力,主张尊重儿童的自主性、独立性,放手让他们在活动中发展。

特别是对于3年级的孩子来讲,他们已经具备了一定的想法和独立意识,只要家长给他们一点独立的时间和空间,他们解决问题的能力甚至可能比成人还要高明得多。

在教学过程中,我就曾遇到过这样一件事:

有一次,两个女孩为争一本书发生纠纷,互不相让。一名女孩说:"我先拿的这本书,你让我先看吧。"另一名女孩说:"我也就想看这本书,你要先看,我就没有看的了。"这时,我在一旁观察着,看她们下一步如何处理。她们争执了一会儿,一名女孩说:"咱俩一起看吧,我讲给你听。"另一名女孩表示赞同。

看到孩子们这样解决问题,我想到了很多:如果是成人来解决这个问题,是否也可以达到这样一个结局? 或许成人也可以想到这个方

法，但是对孩子来说，她们却失去了一次独立解决问题的机会。

很多时候，孩子的能力比我们想象的要高出很多。放手让他们去做，对于孩子来说，既是能力的培养，又是经验的积累与丰富。

方法二：独立思考——启发孩子自己动脑筋

我国著名儿童教育家陈鹤琴先生说过："凡是儿童自己能够想的，应当让他自己想。"家长遵循这样的原则教育孩子，就能培养其独立思考的能力。

好奇好问是孩子的天性，对待他们所提出的问题，家长应启发他们自己动脑筋去想，去寻求答案。

有一次，我组织孩子进行科学活动"认识空气"，一个孩子问我："玻璃瓶里有空气吗？"我没有直接回答，而是把玻璃瓶放进水盆中，孩子们惊奇地发现一个个小泡从玻璃瓶中冒出，便纷纷说："有气泡，有气泡。"这样，他们自己得到了答案，显得非常兴奋。

当孩子试着自己独立思考并从思考的过程中取得一定成就时，孩子的积极性就会随之大涨，更加积极主动地去开动脑筋，思考问题。

然而事实上，很多家长在教育孩子的过程中，并没有意识到这样一点，孩子碰到问题了，家长比孩子还要着急，往往就迫不及待地告诉孩子答案。

我所熟识的一位妈妈对此是"经验丰富"：

儿子有些不爱动脑筋，每次一碰到不会做的题目就会眼巴巴地看着我："妈妈，这道题怎么做啊？"面对儿子的求助，我也非常头疼，给他讲他又不爱听，每次都等着我给他说答案。一开始，我还能耐心地给他讲几遍，可是后来一看孩子那个不耐烦的劲儿，我也不愿意多跟他说了，常常是把答案告诉他就了事。这不，现在问题出来了，儿子是越来越不爱思考，成绩也是一落千丈……

现实生活中，像这位妈妈一样的家长并不少见。看到孩子有题目不会做，他们往往比孩子还要着急，常常给孩子讲解不了多久，就会心浮气躁地说："答案是××。"结果可想而知，习惯了向父母要答案的孩子，更不可能会独立思考问题了。

也正是基于此，作为3年级孩子的家长务必要做到这样一点：看到孩子有的题不会做，先要看看题的难度，是不是在孩子的能力范围内，如果孩子自己能解决，就要给孩子足够的思考时间，鼓励他自己思考。

我在教育孩子的过程中，是这样做的：

孩子上3年级的时候，也是不爱问问题，于是我就在生活中有意无意地为孩子创造一些发问的机会。比如，周末我常常会带他去水族馆、博物馆参观，每当看到那些他不熟悉的动物、文物的时候，这个小家伙就会问我："乌龟为什么会背着那么大的壳啊？""一个烟袋怎么都成文物了呢？"

每次面对小家伙的发问，我都会装出一副我也不懂的样子，然后说："我记得咱家书房里好像有一本这方面的书……"因为心里想着这些问题，孩子回家之后，往往就会迫不及待地去查阅资料，在查阅的过程中，孩子的好奇心得到了满足，也就越来越愿意开动脑筋思考了。久而久之，孩子独立思考问题的能力得到了极大的提高！

想要培养孩子独立思考能力的家长，不妨借鉴一下这个方法，再适时地让孩子去借助一些相关的工具书，满足自己的好奇心，相信孩子在自我探索的过程中，就会慢慢形成独立思考的能力。

二 社交能力，让孩子更富竞争力

一位 3 年级的学生曾在日记中写过这样的话：

等我长大以后，我要找一个少跟别人打交道的工作，当个电脑程序设计师或是自由职业者，省得总和其他人纠缠，怪烦人的。

孩子小小年纪，怎么就会觉得和人打交道烦人呢？这一方面和孩子自身性格有关，一方面和家长的教育引导有关。

对这位学生，我也有所了解：

他性格比较内向，平时除了上学，大部分时间都自己待在家里，很少和同学们接触，也没有特别亲近的朋友。面对这种情况，孩子家长不仅没有为孩子创造一定的社交条件，反而总是为孩子不愿开口寻找借口。就拿上次家长会来说，这位孩子的家长这样说起自己的孩子："我家孩子比较腼腆，平时还请老师多关照一点。"

看吧，孩子还没怎么样，家长就先把退路给孩子想好了。这样下去，孩子还可能勇敢地去和别人交往吗？答案自然是否定的。

3 年级阶段，正是孩子各项能力开始慢慢形成的时候，在这个时期，家长若不加紧培养孩子的各项能力，也就意味着错过了培养孩子的最佳契机。

我所熟识的一位妈妈就吃过这样的亏：

孩子性格内向，从小就不爱说话，上 3 年级以后也还是这样子，当时我们也没太注意，以为孩子大些自然就好了，可到现在，这个孩子是越来越不敢和人交往了。家里来个客人，他躲在屋里不出来，在学校不爱说话,不主动跟老师打招呼,也不跟同学来往,一有集体活动就逃开……孩子这个样子以后怎么能融入社会生活呢?

这位家长的担心不无道理。社交能力,作为一项基本的社会生存技能,其重要性自然是不言而喻。然而,实际生活中,很多家长都认为孩子小的时候,不善言谈,不会交往没有关系,等孩子长大一些,自然而然就会好起来。其实,这种观点是非常错误的。我们可以试想一下:如果孩子一直都不习惯和人交往,怎么可能会自然而然地就顺利地和人交往起来?

所以,作为家长,当你的孩子出现交往能力不足的时候,你所要做的,不是帮助孩子寻找逃避与人交往的借口,而是要给孩子创造一些与人交往的条件,培养他与人交往的能力。

关于这一点,一位聪明的妈妈是这样做的:

像大多数孩子一样,我的孩子也存在与人交往方面的不足。意识到这一点,我开始有意识地培养孩子与人交往的能力。儿子不好动,平时总是窝在家里,我就有意无意地指使他出去走走,比如帮我买盐、酱油等一些日用品。一次两次儿子还有些发怵,次数多了,也就习以为常了。看儿子跟超市的阿姨不再那么陌生,我经常会有意无意地道:"超市的阿姨夸你懂事,都知道帮助妈妈买东西呢!"儿子听说人家夸他,心里也很高兴,再去买东西的时候,时不时还会跟超市的阿姨搭讪两句呢。

这位妈妈的做法就很值得大家学习一下。在日常生活中为孩子创造一些与人交往的条件,孩子在逐步与人接触的过程中,也就能够慢慢摸索出一些交际的技巧。就像例子中的孩子一样,当他和超市的阿姨熟悉以后,也就不再拘束,和人谈话也就自然得多了。孩子慢慢习惯和人交谈,其交往能力也就会随之慢慢增强。

那么,在实际生活中,家长除了为孩子创造条件培养孩子交往能力之外,还有哪些好方法呢?

方法一：让孩子帮着你招待客人

在和 3 年级孩子聊天的时候，我曾问过孩子们这样一个问题：

"谁在家里帮助爸爸妈妈招待过客人？"

孩子们的回答五花八门：

"妈妈说不让我帮忙。"

"爸爸说我什么都不会，帮不上忙。"

……

从孩子们这些话中我总结出了这样一点：那就是在家里来了客人的时候，家长把孩子当成了局外人。的确，在家长看来孩子还小，一方面他们本身没有帮助家长招待客人的能力，一方面孩子出面招待客人也有些不成体统。基于这样的考虑，大多家长在待客的时候，不是把孩子支开，就是不许孩子插手帮忙。在家长这样做的时候，可能觉得没有什么，然而，一次次地将孩子当成局外人，对于已经具有一定理性思维能力的 3 年级孩子来说，心里就会留下这样的阴影：我什么都做不好，帮助爸爸妈妈招待客人会给他们丢脸。

一旦孩子的心里滋生这样的想法，也就会变得越来越不自信。孩子开始不自信的时候，也就不敢在人前开口，不敢跟别人交谈，缺乏社交能力了。

明白了这些，家长就要注意，在平时招待客人的时候，让孩子参与进来，在实际操作中教给孩子一些交际技巧。

在一次家长交流会上，一位妈妈这样说起自己培养孩子交往能力的经验：

我的女儿萱萱内向、怕生，家中来客人的时候，她总是往我身后躲。

前段时间，朋友来我家做客，女儿一见朋友进门，又想往自己的小屋里躲。我装作没有看出她的意图，一边给朋友倒茶，一边叫住她说：

"萱萱,帮阿姨拿东西吃啊!"女儿犹豫了一下,这才给朋友拿瓜子和糖吃。朋友接过女儿拿过来的东西,夸奖道:"萱萱真乖!"女儿听了朋友的夸奖脸涨得红彤彤的,不过我能看出来她很高兴。我继续装作没有看出女儿不自在的样子,拍着她的小脑袋道:"萱萱真是妈妈的好宝贝儿,去把电视给阿姨打开。"女儿应了一声,痛痛快快地跑到电视机前,打开了电视。望着女儿已没有了刚才那份拘谨,我满意地笑了笑。自那以后,我经常有意无意地让女儿加入我的待客队伍,久而久之,本来不善和人打交道的女儿,也慢慢变得乐于交际起来。

孩子意识到自己在待客过程中也必不可少的时候,心里就会滋生一种主人翁精神,就会觉得自己应该为客人做些什么,主动参与到家长的待客过程中。这个时候,家长要注意,千万不要因为种种顾忌:怕孩子做不好、怕孩子不懂规矩、怕孩子耽误学习,而不让孩子去做这个工作。一次两次看不出效果,但时间长了,家长就会发现孩子不仅能够大方得体地帮助你招待客人,而且还可能变得越来越开朗,越来越懂礼貌、好交际了呢!

方法二:教孩子学会谦让

在课下与孩子们聊天的时候,我曾听到孩子们这样抱怨:

"同学之间的关系很难处,常常为了一些小事斤斤计较,有一点儿矛盾就互相不理睬。"

"我希望自己能有较好的人际交往能力,可是见了人常常不知道说什么,后来就很少与人交谈了。"

"我希望能有知心朋友,但我却觉得自己成绩不好,有时和同学在一起时,甚至感觉自己像是小丑,很自卑。"

听到孩子们说出这样的话,我的心里真不知道是什么滋味。这些孩子才只是小学 3 年级而已,就对人际关系产生这样的想法,那在他

们将来走向社会以后，面对各种复杂的人际关系，又将如何应对呢？

仔细分析孩子们这些话，我们可以将孩子不善交际、不喜欢交际归结为两个原因：其一，孩子在与别人交往过程中，常常会跟别人发生矛盾，并为了一点小事斤斤计较，争得非常不愉快；其二，孩子容易敏感、自卑，很小的一件事情都可能会影响他的心情，使他心里不舒服，导致他不愿意和别人交往。

搞清楚了孩子交际能力不佳的原因所在，家长在培养孩子交际能力的过程中就要注意，如何才能让孩子不受上述因素的影响，从而避免产生一系列不良的情绪。

一位聪明的妈妈这样分享经验：

上3年级的女儿微微放学回来，一脸闷闷不乐地跟我嘟囔："我再也不要跟夏夏玩了。"听女儿这样说，我知道女儿在学校里可能发生了不愉快的事情，但我并没有表现得特别紧张，而是非常自然地问道："发生什么事了吗？"

微微见我问她，立马委屈地说："夏夏真讨厌，课下一起做游戏，总是不让我当头儿。"

"哦？"我故作轻松地道，"那你有没有试着和夏夏讲道理呢？"

微微小嘴一撇："我干吗要跟她讲道理？她想当头儿，我也想当头儿！"

"这就是了啊，"我趁机道，"夏夏当头儿你不高兴，那你要当头儿夏夏肯定也不高兴。"我耐心地跟她讲道理。

女儿似懂非懂地点点头："嗯，夏夏肯定也会不高兴的。"说这话的时候，女儿的情绪已经不再那么激动了。

"嗯，既然你们两个争执，会弄得两个人都不高兴，微微可不可以跟夏夏商量商量，这次让她先当头儿，下次让你来当，这样轮流着来，大家都能当头儿，又不会不高兴，是不是更好呢？"我继续说道。

女儿听了我的话，似乎觉得很有道理，用力地点了点头。

在 3 年级阶段,孩子已经具备了一定的自我意识,在与人交往过程中,发生矛盾和冲突的现象屡见不鲜。作为 3 年级孩子的家长,能否正确处理孩子遇到的冲突和矛盾,对培养孩子的交际能力起着至关重要的作用。例子中的家长做得就很好,当孩子向妈妈抱怨的时候,妈妈没有立刻表现出十分紧张的样子,让她觉得自己受了委屈,而是试着和孩子讲清楚道理,让她知道她喜欢的别人也喜欢,她不高兴别人也不高兴,让她试着站在别人的角度考虑问题……

在这样的教育方式之下,孩子就会在与他人发生冲突和矛盾的时候,适时地谦让、忍耐,从而很好地维护自己和他人之间的关系,更因为懂得为解决问题寻找方法,也不会让自己显得懦弱无能。长此发展下去,孩子不仅能够因为他的谦让、忍耐赢得别人的好感,更因为他善于沟通和解决问题,锻炼了非凡的交际能力,从而更加自信,远离自卑和消极。

方法三:学习好不是孩子择友的唯一标准

在和几位家长就培养孩子交际能力问题交流的时候,几位家长表达了这样的观点:

"学习好的人,会给孩子树立一个好榜样,孩子就要多交往一些聪明的孩子。"

"跟学习好的人在一起,孩子才能更加优秀。孩子交朋友,当然就要找学习好的人啊!"

3 年级的孩子已经能够独立地思考问题,家长在说这些话的时候,实则向孩子传达了这样一个信息:"聪明""优秀"的孩子,就是学习好的,你们要多和学习好的孩子玩,才能变得优秀。

我们可以想一想:家长在说这些话的时候,在孩子的心里会产生怎样的影响?他们会自觉不自觉地用有色眼光去看待身边的同学——

谁学习好，谁学习不好，然后把同学分成三六九等，遵照父母的指示去接近那些学习好的同学，而疏远那些成绩差的同学。

如果孩子从小就这样做，长大后会成为什么样子呢？不难想象，他最后交不到一个真正的朋友，最终的结果便是孤家寡人一个。

明白了这一点，家长在引导孩子与人交往的过程中，就要试着教给孩子一分为二地看待别人的强项与弱项，让孩子明白学习好不是择友的唯一标准。

我所熟识的一位家长就是这样做的：

一天女儿茜茜放学回家跟我说："晓雪真笨，那么简单的题目都不会做，我不跟这样的笨蛋一起玩了。"晓雪这个孩子我是知道的，尽管成绩差了一些，但心地善良，乖巧懂事。听女儿这样说，我平心静气地跟她讲："宝贝儿，晓雪有好吃的、好玩的，经常分给你吃，对不对？"女儿点点头，不明所以地看着我："可她成绩就是差，班上的同学都不跟她玩，嫌她笨！"我不接女儿的话头接着说："可是晓雪真的很善良不是吗？"女儿仰着小脑袋想了想："嗯，晓雪是非常善良。"

一看女儿心思似乎动了，我接着说："那晓雪身上是不是也有值得你学习的地方呢？"

女儿很赞同地点点头，若有所思地说："嗯，晓雪其实也挺好的。"

看，家长在教育孩子的时候，注意引导孩子去发现别人的长处，不仅能够帮助孩子很好地与人相处，更能让自己的孩子更加完美和优秀，何乐而不为呢？怀着一颗谦虚友爱的心去和人相处，这样的孩子交际能力又怎么会差呢？

二 表达能力，让孩子拥有一流的口才

一次偶然的机会和家长朋友们谈起表达能力这个话题时，有的家长曾这样说：

"表达能力不就是说话吗？说话谁不会，等孩子长大慢慢就能说清楚了。"

"表达能力有什么好培养的，不就是耍嘴皮子吗？"

"说得天花乱坠，不做出点样子来，也是不行，与其练那嘴上功夫，不如让孩子踏踏实实学习来得实际。"

每当听到家长说出这样的话，我都会无比遗憾地告诉他们，这种想法对孩子今后的发展来说是非常危险的。

首先，我们要弄清楚家长的一些认识误区：其一，认为"说话谁都会"，生活在这个环境里，"慢慢长大了就会说清楚了"；其二，认为没必要培养孩子"耍嘴皮子"的功夫，把话说出来，别人听得懂就行了；其三，停滞在对"少说多做"的偏狭理解，认为"埋头做事"才是成才之道……诸如此类的理解虽都有其合理的一面，但要推而广之，就会对孩子的成长造成极大障碍，影响其沟通、交往甚至思维能力。

一位妈妈对此感触颇深：

孩子表达能力一直都不太好。我本以为等孩子慢慢长大自然就会好了。但事实却不是如此，孩子今年都上 3 年级了，表达能力还是一塌糊涂，让他叙述一点小事情，支吾半天就是说不清楚，真把我急坏了。你说这孩子，他怎么就不会表达呢？

看到这里，家长们还在认为孩子的表达能力不强，不是什么大事吗？现实生活中，孩子连一件小事都无法清楚表达出来，那么，孩子今后的生活会怎么样？不难想象。

教育研究发现，判断孩子智力发展的水平如何，言语表达能力是一个重要指标。言语表达的流畅、敏捷、精确，一方面是孩子现有思维能力的反应，同时又对孩子大脑发育以及思维能力的发展具有很好的促进作用。

在生活中，家长们可以尝试用以下几种方法去培养孩子的言语表达能力：

方法一：用游戏锻炼孩子的语言表达能力

我曾教过这样一个学生：

在1—2年级的时候，他的语言表达能力一直不怎么样，当升入3年级之后，他却有了一个突飞猛进的发展，不仅回答问题条理分明，叙述事情也是非常清楚明白。

这个孩子为什么会有这么大的进步呢？怀着这样的疑问，我走访了他的家庭。

在与孩子的父母聊天过程中，我找到了答案：

原来孩子的父母发现孩子表达能力不强之后，在日常生活中就开始注意为孩子创造一些表达的机会，比如，他们常和孩子做这样一个游戏：看谁说得快。

妈妈做考官，爸爸和孩子"同台竞技"。妈妈拿出两张卡片，一张画着鸭子，一张画着老鹰，请爸爸和孩子看清楚，卡片上画着什么。妈妈问："鸭子会游泳，老鹰——"爸爸迅速回答："老鹰会飞。"这样，孩子就明白了游戏的规则。游戏继续进行，妈妈问："苹果是绿色的，香蕉是——"请孩子接答："香蕉是黄色的。"爸爸与孩子以竞争的形式参与游戏，可以培养孩子在时间压力下迅速反应、准确表达的能力。

3 年级的孩子，理性思维已经得到了一定的发展，并且具有了一定的自我、自尊意识，当家长在跟他做这种竞赛类的游戏时，孩子为了赢得胜利往往就会非常积极地思考、组织语言，随着孩子思考得多了，组织语言的能力就会有一个质的飞跃。

孩子的语言表达能力得到提升之后，在与人交往的时候，他就能自信地回答别人的问题或者阐述自己的观点，清楚明白地展现自己的思想和见解。

在生活中，这种帮助孩子锻炼语言表达能力的游戏还有很多。比如：你说我猜。

这个游戏是鼓励孩子把随时想到的东西，在不说出名字的情况下，用另一种方式表达出来，然后由爸爸妈妈来猜，谁先猜到谁获胜，如果都能很快猜到，表明孩子的表达非常成功，应当给予适当奖励。

妈妈可以先做示范："我现在想吃一样东西，它红红绿绿的，又圆又大，咬一口特别脆，宝贝儿这几天午饭后都吃过的……"

"是苹果！"孩子回答。

刚开始的时候，家长可以引导孩子把要猜的东西集中在简单的形状、颜色、位置的描述上，如吃饭时孩子问："我现在想吃离我最远的那盘菜，里面是红色的东西，妈妈你猜是什么？"

另外，父母还应该鼓励孩子从不同的方面，用不同的说法来描述同一个事物，把培养孩子的思维能力与培养表达能力巧妙地结合起来。

方法二：正确对待孩子的求知欲，不打击孩子的表达欲望

和家人到海边散心的时候，我看到了这样的一幕：

一个小女孩和她的爸爸在沙滩上搭城堡。突然，她问了一个很严肃的问题："爸爸，'天'到底什么时候结束呀？"

她的爸爸一开始没有明白这个问题,因此反问:"哪一天? 是我们的假期吗? "

"不是,是所有的'天'。"小姑娘认真地说。

孩子的爸爸陷入了沉思, 似乎不知道该怎么回答孩子的问题,最后懊恼地对孩子说:"小孩子不要胡思乱想。这不是你该考虑的问题。"

听着这位爸爸的回答,家长们是不是想到了什么呢? 你是不是也曾经经历过相似的场景?如果是的话,孩子不善表达,你就要从自身寻找原因了。

孩子总是会对周围很多事物都充满好奇,会向家长提出各种各样的问题,如果家长厌烦孩子提问,马虎、含糊、答非所问、回避,甚至拒绝回答孩子的问题,这对孩子的求知欲就是一个重大的打击,长此以往,孩子对周围事物不再感兴趣,就会少说话少发问,语言表达能力不强也就在情理之中了。

有的家长也许会问:"既然孩子不善表达是因为小时候家长的不注意引起的,那么在孩子3年级的时候,还能不能挽救呢? "

其实,家长如果能学会启发和鼓励孩子提出问题,培养孩子表达能力还是不晚的。

就拿我朋友的例子来说:

自从意识到孩子不喜欢发问对孩子的表达能力不利之后, 我的朋友开始注意在孩子的学习过程中多设问题。比如,朋友在辅导孩子学习课文《秋天的雨》时,就会设问:"为什么说秋天的雨是一把钥匙呢?""为什么说秋天的雨是颜料呢? "当孩子带着问题去读课文时,思维往往就特别开阔,回答问题也就特别流利,更因为孩子是带着问题阅读的,在阅读的过程中自己也会不自觉地衍生一些其他的问题……随着孩子想到的问题越来越多,孩子的话也慢慢多了起来,表达能力也随之提升了一大截。

当然,孩子在提问的时候,可能意识不到自己的问题是肤浅幼稚的还是高深莫测的,这时家长对待孩子所提问题的态度是重视还是不以为意,对孩子能否保持一颗好奇的心有着很大的影响。

所以,在日常生活中,家长就应该正确对待孩子的问题,鼓励孩子发问,久而久之,孩子就能清楚明白地提出问题,准确地表达自己的所思所想。

方法三:让孩子多与大自然接触,增长见识

在平时和孩子们相处的时候,我发现这样一个事实:

但凡那些语言表达能力不强的孩子,多是那些词语匮乏、平时不太喜欢活动、不喜欢接触自然的孩子,而那些词汇丰富、多多亲近自然、见多识广的孩子则常常有说不完的话。

在我的教学经历中就有很多这样的例子,比如:

3年级一次演讲比赛上,我给大家出了这样一个题目:《我眼中最美丽的地方》。这本是一个自由发挥的题目,孩子们可以演讲的范围也很广,有的孩子一开口便滔滔不绝、口若悬河,有的孩子则是憋得面红耳赤,说不出几句连贯的话来。

在比赛结束后,我曾找这两类孩子谈过话,探寻原因。

演讲能力强的孩子这样说——平时假期的时候,爸爸妈妈就喜欢带我到大自然中玩,爸爸妈妈还会不时地问我:"这个地方哪里吸引了你,都不想回家了?""你觉得猴子哪里招人喜欢?""你知道'飞来峰'是怎么来的吗?"……每次我对爸爸妈妈的问题都很感兴趣,也就会仔细地去想,把想到的说给爸爸妈妈听,有不好的地方,爸爸妈妈就会给我指出来。

演讲能力差的孩子这样说——爸爸妈妈总是说,学习才是我最需要重视的事情,从来不带我出去玩,每天就知道让我看书、看书,看得

我头都大了……

听着这两类孩子不同的描述，家长是不是想到了些什么呢？让孩子多多亲近自然，学会观察和描述自己所看到的一切，是培养孩子表达能力的一条不错途径。就像我所教过的这些学生一样，亲近自然、观察自然，并善于描述自然的孩子，其表达能力就比那些只知道抓书本的孩子要强很多，因为见多识广，才会有话可说。

我所熟识的一位家长对此深为赞同：

女儿今年上 3 年级了，和同龄人相比，她的语言表达能力要强很多，不仅能清楚地复述学过的内容，更能够有条理地回答老师的问题。很多朋友都夸我的女儿聪明，其实，这和我平时带她多接触自然是分不开的。

每当节假日的时候，我都会带女儿到公园或者附近一些景区去转一转，在让她亲近大自然的过程中，我总是会引导她把游玩时的感受，通过语言的形式表达出来。一开始，女儿不是因为玩得太过激动，表达不清，就是因为词语匮乏，不知道该怎么表述，这个时候我就会给孩子一些提醒，或者回家以后让孩子自己找一些游记方面的书来看。久而久之，随着女儿见识的增多，表达能力也就比同龄人强得多了。

研究发现，那些经常接触自然的孩子比那些埋头书本的孩子性格上要活泼好动得多，而活泼好动的孩子大多不存在语言表达能力的问题。

也正是从这一点上讲，作为 3 年级孩子的家长，想要培养孩子的语言表达能力，从带孩子多亲近自然下手，一定能够收到意想不到的效果。

四 领导能力，赋予孩子杰出的人生

我带 3 年级时曾遇到这样一个学生，他叫小军，很聪明，学习成绩也不错，但就是有一点不好：总是喜欢做大家的"小尾巴"。比如说，一个班去郊游，小军常常是跟在大家的后面，别人让他做什么，他才知道做什么；比如说，班级大扫除，别人都干得热火朝天，小军却无所事事，不知道自己应该干点什么……

在和小军的家长聊天时，我曾经跟他谈过这个问题："孩子身上的种种表现都是因为孩子缺乏领导能力，没有一定的'领头羊'意识。"

当时家长很是不解："对于 3 年级的孩子来说，领导能力真的重要吗？"

与 3 年级孩子的家长接触过程中，我了解到，和小军家长持相同观点的人并不在少数。要我说，领导能力重要不重要，并不在年龄的大小。

家长们可能都有这样的经验：一群孩子在一起做游戏的时候，总有一两个孩子会在孩子群中充当领导者的角色，促使孩子们的游戏得以顺利进行，而这一两个充当领导者角色的孩子，也常常最受孩子们的欢迎，而甘当"小尾巴"的人则大多会受到忽视，甚至伤害。

也正是从这一点上说，每当召开 3 年级家长会的时候，我总会传达这样一种思想："注重孩子领导能力的培养，从小处说关系着孩子能否拥有一个顺利的学习生涯，从大处说则关乎着孩子人生的走向。"

当然在这个过程中，也曾有家长一脸迷茫地问我："领导能力不是与生俱来的吗？怎么也能培养？"

听到家长这样的话，我常常会告诉他们，领导能力并不是天生的，而是需要后天培养的。3 年级正是培养孩子领导能力的关键期。

方法一：为孩子提供当"头儿"的机会

其实孩子们骨子里都有当"头儿"的欲望，只是因为家长不经意的言行或者态度，将他们这些念头抹杀掉了而已。

我就曾在公园看到过这样一个场景：

一个年约 10 岁的小男孩仰着头对妈妈说："妈妈，我们班里要竞选班长，我去当班长好不好？"

男孩的妈妈一本正经地说："当班长多浪费时间啊，你好好学习就行了，当班长管那么多事，多累啊！"

本来兴致高昂的小男孩，耷拉下脑袋，闷闷不乐起来。

相信很多家长对这样的事并不陌生，每当孩子小脑袋里冒出什么想法，家长总会打着为孩子好的幌子，把孩子的念头给压下去。我们可以试想一下：如果孩子冒出一个想法，家长就加以反对，那么这个孩子还可能会有自己的想法吗？一个没有想法的人，在生活中也就会消极被动，更不可能会形成一定的领导能力了。

所以，作为 3 年级孩子的家长，不仅要做到对孩子的想法给予正确的鼓励、引导，还要适当地给孩子一个当"头儿"的机会。

一位聪明的家长这样分享自己的经验：

每个孩子都有当头儿的欲望，我的女儿涵涵也不例外。在生活中，我就很注重满足孩子这个小小的欲望，培养孩子一定的领导能力。比如说，我和女儿一起上超市的时候，我就会跟孩子说："涵涵，你来当账目员怎么样？"女儿常常会很感兴趣地说："好啊！"当了"官"的女儿，总是会尽职尽责地来监督我们的消费情况，在购物的过程中，体验着当"领导"的快乐。

除此之外，我们还会给孩子创造其他当"头儿"的机会，比如大扫除的时候让孩子给我们分配任务，一起出行的时候，让孩子参与计划制定、活动安排等等，在我们的有意培养之下，女儿小小年纪就表现出了很强的领导力，在小伙伴中具有很高的威望呢！

这位家长的做法就很有称道之处：在日常生活中不着痕迹地为孩子创造一系列当"头儿"的条件，孩子在当"头儿"的过程中，总结出一定的经验，体会到当"头儿"的责任感，也就能够具备很好的领导能力，成为集体生活中的佼佼者了。

方法二：让孩子勇于挑战自我

不管是成人还是孩子都乐于钦佩和追随那些愿意冒险和能应对挑战的人，因为这样的人往往具有独立应对问题、解决问题的能力，换句话说，也就是具有统揽大局的领导能力。

其实，在孩子小的时候，他们也常常会表现出一定的冒险行为，比如喜欢爬假山、玩机关枪等等，可是作为家长，就怕孩子磕着、烫着、摔着，谨小慎微，也就造成了孩子身上那股冒险的冲动随着年龄的增长越来越淡化，最终变得缩手缩脚、畏首畏尾，成为一个再平凡不过的人。

我曾教过这样两个男孩：

两个男孩上3年级，相比于同龄人来说已经掌握了很多阅读技巧。

我曾问他们是否愿意上一个超前阅读班，一个学生急切地表示同意，而另一个学生则宁愿与初级阅读班的学生一块儿上课。可悲的是，后者的父母也支持儿子的决定。

在与两个学生的父母接触时，我了解到：在日常生活中，前一位学生的父母，大多时候会鼓励孩子去尝试做一些自己喜欢的事情，比如滑滑板，很多家长都认为这是一件很危险的事情，不鼓励孩子去玩，但这位学生的父母却告诉孩子，只要做好保护措施，可以去尝试。与这位学生的父母相反，后一位学生的父母在实际生活中却总是给孩子设限，这不许，那不许，搞得孩子做什么都非常没有自信，也就直接导致了当我提出想让他上超前阅读班时，他却选择初级班。

可以想象，这两个孩子，谁最有可能成为领头人。

家长们明白了这些，在实际生活中，就要注意多鼓励孩子，为孩子挑战自我创造一定的条件。

我所熟悉的一位妈妈是这样做的：

女儿盈盈上3年级了，平时做事缩手缩脚的。看着女儿总是做别人的"小跟班儿"，我真替她着急。一次偶然的机会，我听说女儿班上要公开竞选班长，我心道：这可是培养孩子领导能力的好机会。于是，我鼓励女儿说："盈盈，当班长多威风啊，你不要试试吗？"女儿一听我这话，不自信地问："我可以吗？"我一看有戏，忙露出一副赞赏的表情："怎么不可以呢？班上有那么多同学喜欢盈盈，盈盈只要再拿出一点点勇气，好好表现一下，就能当上班长了。"女儿眼中一亮，似乎心动了，我趁机又说："不如，盈盈就把妈妈当成同学们，先演练一下？"女儿听我说得有趣，一下子就笑了，不自信的情绪也消除了大半。

从那天开始，我就陪着女儿练习，女儿的话是越说越顺溜，加上我平时也总是给她讲班长该做些什么工作，女儿对于竞选班长是越来越自信，结果，她很顺利地当上了班长。现在，在女儿的带领下，他们班级总是能够取得不错的成绩呢！女儿也在不知不觉间变得更加自信起来。

例子中家长的做法给大家做出了很好的示范，当你的孩子不够自信、安于现状、不想去挑战自己的时候，作为家长不妨多多鼓励孩子，帮助孩子克服心理上的自卑情绪，引导孩子自信地面对挑战，从而赢得出众的领导能力。

五 自控能力——能管住自己的孩子才有好未来

和朋友一起聊天的时候,朋友这样说起自己的女儿:

女儿薇薇今年上 3 年级了,在学校上课,心情好时能认真听讲,并积极举手发言,而当其心情不好时,不但不听讲,还打扰旁边同学,就算老师向她提出简单的问题,她也不肯回答,甚至还钻到桌子底下……这孩子到底是怎么回事呢?

看着朋友一脸焦急,我耐心地告诉她:"其实孩子身上出现这些行为,究其根本,都是因为孩子自控能力差,只要能够帮助孩子养成一定的自控能力,孩子身上的这些行为都是能够改善的。"

孩子为什么会出现失控行为呢?

这还需要从 3 年级孩子的年龄阶段特征说起。首先,3 年级孩子大约处在 10 岁左右,年龄较小,容易激动、冲动,对于各种各样的情绪难以控制。其次,3 年级孩子由于生活经验不足,在陌生、严肃、冲突、恐怖、约束、遭受指责等环境下,容易产生紧张的情绪,难以释放心理的压力,在这种情况之下,孩子们就会寻找各种渠道来宣泄自己内心的压抑情绪。

家长若是不能解读孩子这些行为背后隐藏的内涵,很可能就会误解孩子的行为,从而在教育孩子的道路上走许多弯路。

我的邻居对此可谓是感触颇深:

女儿晓晨上 3 年级之后,好像忽然变了一个人似的,以前做作业的时候总是相当自觉,可是现在我们催好几遍她都不愿意动。有时候

催得急了，她还冲我们发脾气。我和孩子她爸为此也没少批评她，可她就是不改，真不知道该拿她怎么办……

在3年级阶段，孩子的自我意识、自尊意识已经觉醒，在这个阶段即使他们做错了什么，也不希望受到别人的指责，更不喜欢被家长"控制"，这就导致了这个阶段的孩子做事常常与家长唱反调，家长越是让他怎样，他越是不愿怎样。长期发展下去，孩子做事情就会心浮气躁，没有耐心，进而缺乏自控能力。

那么面对孩子不肯配合的情况，家长究竟该怎么办呢？

一位资深家庭教育专家提出了这样一个观点：允许孩子延缓执行家长的要求。

人都有惰性，孩子也不例外，家长提出什么要求，就要孩子立刻去做，也是不太现实的。所以，家长若是想要孩子坚持做完某事，就要给孩子一个接受要求的延缓时间，当孩子意识到家长要求的事情必须要做到的时候，他就会乖乖去做了。

那么除此之外，还有哪些方法能够帮助孩子提升自控能力呢？

方法一：从小事入手培养孩子的自控能力

在和一些3年级孩子的家长聊天的过程当中，我经常能听到他们这样的话：

"我家的孩子做什么事情都是虎头蛇尾，'三分钟热度'。"

"我家孩子就不能安安分分坐在书桌前半个小时，一会儿摆弄这个，一会儿摆弄那个，磨蹭的时间比写作业的时间还长。"

"我家那个孩子更是过分，看见别人有个什么东西，就吵着要什么东西，也不管自己是不是有用……"

其实，不论是孩子做事情不能坚持，还是做作业拖拉，或者是见到别人有什么就跟家长要什么，归根结底都是因为孩子的自控能力差。

对此,每个父母都要有足够的认识,但也不必为此过分着急。只要我们能够把握住 3 年级这个培养孩子各项能力的关键期,孩子改善各方面的不足都还来得及。

我班上一位学生家长就是这样做的:

儿子上 3 年级之后,随着课业压力的增大,做事开始急躁起来,有的时候,作业做到一半就会吵着看电视,说不想写作业了。看到儿子这个样子,我知道这是孩子自控能力差的表现,如果长期这样下去,无论是对他今后的学习还是生活都是非常不利的。我决定从实际出发,从身边的小事入手,不放过每一个时机,培养孩子的自控能力。

比如,孩子有一段时间说要晨练,可是没坚持两天,就不肯起床了。于是我就跟孩子讲:"如果你能坚持一个星期晨练,爸爸周末就带你去游乐场。"儿子似乎对我提出的条件很心动,点了点头,坚持一周之后,我兑现我的诺言带着孩子去游乐场玩,然后告诉孩子,如果他还能坚持一周,下次就让他自己决定去哪里玩,玩得意犹未尽的孩子想也没想就答应了。就这样,在我的利诱之下,儿子一直坚持了一个多月,当儿子把晨练当成一种习惯之后,不用我再利诱,也能够自己起来去锻炼了。

这位家长的做法就很值得大家借鉴。对于 3 年级的孩子来说,他们已经具有一定的自我意识、自尊意识,家长如果强制其按照自己的要求去做,只会引起他的反感,导致他更加不合作,任性而为。例子中这位家长做得就很好,以满足孩子的愿望为条件,引导孩子去坚持,当这种坚持变成一种习惯,孩子也就会在不知不觉间具备一定的自控能力了。

实际生活中,这种培养孩子自控能力的机会还有很多,比如,我们可以锻炼孩子在规定的时间内完成作业,有节制地花钱等等,当孩子能在这些日常小事中控制住自己,也就能慢慢养成自控的习惯。当然,家长这样做的时候一定要讲究技巧,不要让孩子觉得自己是在被家长强迫,而不愿意按照家长的要求去做。

方法二：家长要做好榜样

孩子身上有不足，全是孩子的错吗？我看不是。

3年级的孩子只有10岁左右，年纪还小，对很多事情还没有足够的认识，很容易受到外界的影响，家长若是不能够起到榜样作用、引导作用，孩子很可能会养成一些不良的习惯。

关于这一点，我的一个学生就是很好的例子：

我的学生小孙是一个活泼的小男孩，人也非常聪明，但就是管不住自己，上课总爱和同桌、前后桌说话，作业等着老师一个劲儿地催才写，上课也经常需要老师来提醒才不会走神。为此我找他谈了好几次话，但每次谈完话后，他坚持不了多久就又会犯老毛病……

为什么这个孩子会屡教不改呢？怀着这样的疑问，我到这个孩子家进行了家访。在和孩子的父母接触过程中，我找到了答案。原来，孩子在家里的时候也经常会犯这样的毛病，比如：写着写着作业，跑到妈妈跟前和妈妈说两句话；看着看着书，问爸爸周末去哪玩……面对孩子这样的情况，孩子父母从来没有意识到这样做有什么不妥，对于孩子不时的提问，每次都会和孩子说上两句，久而久之，孩子就养成了写作业、看书的时候找人说话的毛病，并且因为写作业时总是四处走动，思维经常被打断，写作业的效率也就很差，爱走神、拖沓，从而养成了一系列的不良学习习惯。

3年级的孩子，因为年龄还小，心智发育还不成熟，当他自己看书、做作业的时候，难免会坐不住。这也就是有的孩子做一会儿作业就会摆弄文具或者起来走动玩耍的原因所在。面对孩子这样的行为，家长处理方式不当，往往就会让孩子形成不良的学习习惯，影响他自控能力的养成。就像例子中的父母一样，当孩子停下手头的功课去找父母聊天时，家长这种默许的态度，无形中就纵容了孩子做事任性而为，难以自控。

明白了这一点，在培养孩子自控能力的过程中，家长就要注意，自己的行为是不是会对孩子造成不利的影响。

为此，一位聪明的妈妈是这样做的：

儿子堂堂每天放学之后，放下书包拿出课本做上两道题，就会禁不住跑到客厅把电视打开，把做作业的事抛到九霄云外。为了培养儿子的自控能力，我决定从自身做起，给孩子树立一个榜样。于是，每当儿子一回家开始做作业的时候，我也会拿出一本书开始读读写写，儿子看我也在看书，很是好奇，便问我："妈妈，你在看什么呀？"我回答他："妈妈也要学习的呀，要不然技术跟不上，就要被社会淘汰了。"儿子看了看我，疑惑地问："妈妈还需要学习啊？"我一本正经地说："是啊，堂堂要是不好好学习成绩就不会好，妈妈要是不好好学习就要失业了啊！"儿子听了我的话，似懂非懂地点点头，想要去看电视，又怕打扰我看书，便乖乖做起作业来。

这位妈妈的做法就很值得称道：要教会孩子自控，首先要向孩子展示自控，用你的自控行为去纠正孩子一些不良的倾向。生活中孩子最容易模仿的对象是父母，父母的自控力会直接影响到孩子。若是家长做事都是随性而为，却要求孩子去控制自己的行为，显然是不太现实的。在这个意义上说，家长的榜样引导作用就显得至关重要。

方法三：教孩子做一些需要耐心的事情

在与一些教育学专家交流过程中，他们普遍有这样一种观点：

小学阶段，尤其是 3 年级阶段，孩子之所以会出现自控能力差的现象，主要原因在于孩子做事缺乏耐心。

针对这样的情况，家长就需要从培养孩子的耐心入手增强孩子的自控能力。

在和一位教师妈妈聊天过程中，这位妈妈给我讲了这样一件事：

我的孩子彤彤跟大多数孩子一样，做什么事情都没有耐心，自控能力较差，往往是一件事情做到一半就没了兴致，不愿坚持下去。为了培养孩子的耐心，我开始教孩子下棋。刚开始的时候，女儿只喜欢玩五子棋，后来随着水平越来越高，她开始缠着我教她下象棋……在和女儿下棋的过程中，女儿慢慢静下心来，仔细琢磨着棋路，在学下棋的过程中，女儿的耐心也得到了极大的磨炼。

教育研究发现，当孩子缺乏耐心的时候，多让孩子做一些锻炼意志力的训练常常能够取得不错的效果，比如画画、下棋。

另外，家长在教孩子做这些的时候，还要培养孩子做事有始有终的习惯。别人的交谈、门外的声响，都会使孩子中断正在进行的事情。家长应帮助孩子克服困难和障碍，督促他在一定时间内完成某项活动，使他感受到成功的喜悦。

孩子在坚持做完一件事之后，感受到了成功的喜悦，也就能够在做其他事情的时候努力坚持下去，在不知不觉中提高自控能力。

第 五 章

3年级,如何培养孩子
良好的学习习惯、学习态度

随 着孩子升入 3 年级，各种各样的问题纷至沓来：

孩子开始不喜欢学习，表现出明显的厌学情绪；

面对下滑的成绩，孩子变得越来越自卑；

孩子学习非常被动，常常需要家长在背后督促；

……

很多家长对此很是不解，孩子身上为什么会出现这么多问题呢？其实，这和 3 年级这个特殊的阶段有着密切的关系。3 年级正是小学低年级向中高年级过渡的关键时期，学习内容增多了，学习难度增强了，孩子们一时之间难以适应，成绩出现下滑，也就成了普遍现象。

也正是从这一点上考虑，每届 3 年级开学的时候，我都会找机会开一次家长会，和家长们一起讨论如何对 3 年级学生展开家庭辅导，如何让孩子们顺利地度过 3 年级这个学习生涯中的关键期。

关于此，家长们的回答五花八门：

让他好好用功，刻苦学习；

给他多报几个辅导班，抓紧学习；

给他创造一个好的学习环境；

为他寻找好的学习方法；

……

无可否认，家长们说的这些方法都有一定的道理，但是，想要孩子顺利度过 3 年级这个关键期，家长们所说的这些却都不是重点所在。

多年教学过程中我发现，孩子成绩好与坏，归根结底就跟两方面有关：一是是否愿意学，二是怎么学。如果孩子有很强的学习意愿，那"怎么学"的问题就很容易解决；如果孩子根本没有学习的意愿，他绝不可能主动、刻苦地去学习。所以，从这个意义上说，孩子的学习态度直接影响着学习效率。

端正了学习态度，家长们还需要弄明白一个"怎么学"的问题，这也就涉及到了孩子的学习习惯、学习方法问题。好的学习习惯，不仅能够让孩子在学习的过程中轻松许多，更是会让孩子在不知不觉中爱上学习。

那么，我们究竟该如何做，才能帮助孩子养成良好的学习习惯，树立良好的学习态度呢？

一 如何让孩子爱上学习

前段时间，一位学生家长打电话向我求助：

我家孩子今年 3 年级了，不知道什么原因，他最近总是流露出莫名的烦躁情绪，不喜欢看书，不喜欢学习，无论我怎么催，就是不肯在书桌前安安分分坐上一会儿。我常听老师们说，3 年级对孩子来说非常重要，但看我家孩子这个表现，对学习一点儿都不上心，我是真替孩子以后的学习担忧……孩子不喜欢学习，我该怎么帮帮他呢？

3 年级孩子出现不爱学习的现象，其实是很正常的事情。刚刚从小学 2 年级升上来的孩子，年龄毕竟还小，面对 3 年级课业压力的忽然加大，心中的紧张感和压抑感无从发泄，常常会烦躁，表现在学习上，就是不喜欢看书、不想写作业、逃学、厌学。

像前面提到的例子一样，很多家长看到孩子身上出现上述状况，都会表现出焦灼的情绪，为孩子的学习感到担心，进而开始看紧孩子，孩子一放学就迫不及待地催促着孩子去学习、看书，看到孩子一贪玩就免不了呵斥孩子。

家长这样做真的有用吗？我看不见得。

前面我们多次提到，3 年级的孩子已经具备了一定的独立思考能力，如果家长总是逼迫着他去学习，那么在他的小脑袋里就会生出这样的念头：学习是给父母学的、学习是一件辛苦的事情。如果孩子产生这样的想法，把学习当成了一件差事、一件任务，就不可能会喜欢学习，爱上学习了。

所以，在3年级这个关键阶段，孩子出现不爱学习的情况，家长所要做的，不是继续逼着孩子去学，而是要想一下，究竟该怎么做，才能让孩子爱上学习。

方法一：多用玩的方式去引导孩子学

在和朋友聊天的时候，朋友这样说起自己的孩子：

你说这孩子都上3年级了，怎么一点学习的自觉性都没有呢，整天就只想着玩，放学回家书包一扔，连个人影都摸不着……要是这样下去，这孩子还不毁了啊……

贪玩现象在3年级孩子身上是非常普遍的。3年级的孩子，年龄还小，爱玩是他们的天性。然而，很多家长却并没有意识到这一点，认为孩子爱玩就是不务正业，就是在浪费时间，所以孩子一放学就逼迫着他写作业、看书，挤占了孩子玩的时间。结果可想而知，孩子们为了早点完成任务，好痛痛快快地玩，往往就会对作业敷衍了事。在这种状态下，我们可以想象，孩子学习的效果也就好不到哪里去了。

所以，作为3年级孩子的家长，当你发现孩子开始贪玩，不想学习的时候，你要做的不是激化孩子厌学的情绪，而是要帮孩子摆正心态，不要让孩子以为学习会侵占他玩的时间，要用"玩"的形式引导孩子学习。

关于这一点，一位妈妈是这样做的：

每次做作业，女儿小薰就好像要遭罪似的十分不情愿，勉勉强强完成作业以后，就会像飞出牢笼的鸟儿似的欢呼雀跃，一溜烟跑出去玩……看着女儿用这个态度对待学习，我真是替她着急。

周末的一天，小薰在看电视，正好电视上有一个关于成语接龙的节目，看女儿看得津津有味，我不动声色地问："小薰，妈妈和你一起玩这个游戏怎么样？"女儿迟疑了一下说："如果我接不上来怎么办啊？"

我说："接不上来，你有帮手啊！"我边说边举着一本成语词典在女儿面前晃了晃，女儿鼓起勇气道："好。"于是，我先开口说："道听途说。"女儿接道："说三道四。"我又说："四通八达。"女儿愣了一下，赶紧查词典，很快就对道："达官显贵。"我故意停下，想了想说："小薰赢了，妈妈对不上来了。"女儿高兴地跳了起来："我赢了妈妈了！"接下来的时间里，小薰总是会时不时地向我挑战，学习成语的兴趣也慢慢浓了起来。

看，这位妈妈的做法是不是就明智多了？如果她没有抓住孩子爱玩的心理，而是直接让孩子去学成语，结果恐怕就会是另一番局面了，孩子感受到的不再是快乐，而是任务。也正是从这一点上说，作为家长，用玩的形式来引导孩子学习就非常有必要。比如孩子不喜欢学数学，家长就可以跟孩子做一些逻辑思维方面的游戏，比如孩子不喜欢学词语，家长就可以跟孩子做做成语接龙游戏⋯⋯

方法二：在家里，关于学习的话题要少谈多做

每当我跟 3 年级孩子的家长说起关于学习的话题在家里要少谈时，总会有家长发出这样的质疑："我们整天说着，孩子还不愿意学呢，不说，那孩子岂不是更不愿意学了？"

要我说，不是的。家长们可能都有这样的经验：当我们苦口婆心地给孩子讲道理的时候，孩子们往往会露出一脸的不耐烦；当我们不厌其烦地跟孩子说学习对他有多重要时，孩子们常常满不在乎⋯⋯

孩子们身上为什么会有这样的表现？究其根本就是家长平时说得太多，对这些话孩子们已经听得麻木了。

也正是基于这个原因，我时常建议 3 年级孩子的家长，在家里的时候关于学习的话题要少谈多做。

少谈，一方面可以减少孩子对学习的恐惧感，一方面可以给孩子营造一个轻松的学习环境；多做，一方面可以对孩子起到很好的示范作用，一方面能够帮助孩子克服学习过程中一些困难，促使孩子进入良好的学习状态。

一位按照这个方法培养孩子的母亲可谓深有体会：

女儿娟娟上 3 年级之后，开始出现一些厌学的苗头。看着女儿对学习越来越没兴趣，我找到了孩子的老师，并和老师商量，在平时学习生活中多给孩子一些鼓励，让孩子慢慢建立起自信。

跟孩子的老师交流了之后，没过多长时间，我发现女儿放学回来再也不是无精打采的了，每次都会精神奕奕地背书、写作业……望着女儿的变化，我禁不住会问："娟娟，有什么高兴的事吗？"女儿一听我问，立马就骄傲地仰着小脸说："妈妈，老师夸我作文写得好呢！"原来，女儿重新对学习产生兴趣，正是我与老师的沟通起了作用。

看到这里，家长们是不是该明白些什么了呢？孩子身上出现厌学情绪，你再去数落他，只会起到相反的效果，如果家长能够用实际行动多做一些事情，让孩子在不知不觉间摆脱厌学情绪，无疑是非常明智的。就像例子中的妈妈一样，当她发现孩子出现厌学情绪之后，没有逼着孩子追问原因，而是向老师寻求答案，在得到答案之后，又为下一步激发孩子的学习兴趣做好了充分的准备。在老师的夸奖之下，孩子的信心得到了提升，自然也就重新爱上了学习。

除了做好家校沟通的工作之外，在孩子出现厌学情绪的时候，家长对孩子多一些鼓励少一些责骂，多一些宽容少一些苛求，对激发孩子的学习自主性和积极性来说，也都是不错的选择。

二 如何给予孩子学习的自信心

与一些资深教师聊天的时候，他们普遍道出了这样一个事实：

对于 3 年级的孩子来说，学习成绩出现下滑，一方面固然和 3 年级的课业难度增强有关，另一方面也和孩子自身的心理素质有关。

也就是说，当面对越来越多的课业内容和不断增强的课业难度时，孩子是自信，还是自卑，直接影响着孩子的学习效果。

我就曾教过这样两个学生：

小王和小李同是 3 年级的学生，都非常聪明，但是他们却有一点明显的不同：小王无论学习什么都非常的自信，而小李则有些自卑。就拿我的一次课堂提问来说，我让两个孩子同时到黑板前做一道一样的题，本来以这两个孩子的领悟程度应该都能做出来，但是结果只有小王做出了题，小李却没有。

课下的时候，我曾经找过这两个孩子，问他们："你们觉得老师让你们做的题难吗？"

小王说："老师，其实你讲课的时候，这些题目的解法都讲过了，我认为不难。"

小李则不好意思地说："老师，我上课虽然听明白了，但是刚学完就让我做题，我心里没谱……"

看看，差异就在这里：一个对自己充满自信，一个对自己不够自信，虽然同样都非常聪明，却可能会出现不同的学习结果。

明白了这些，作为 3 年级孩子的家长，在日常生活中就要注意帮助孩子树立起学习的自信心。

我在帮助学生们树立自信心的过程中是这样做的：

在多年教学过程中，我教过很多不够自信的孩子。每当面对这样的孩子，我总是尽量地发现孩子身上的闪过点并时不时地在同学前表扬他们。事实证明，这种方法对于帮助孩子建立信心来说，非常奏效。

比如说，我的一位学生写作能力很差，总是对自己的作文能力没有信心，我就会很用心地发现他作文中出彩的地方。就拿上次以"时间"为题的作文来说，这个孩子写了这样一句话："时间就像一匹脱缰的野马，我们怎么努力都抓不住它……"在作文课上，我就在全班同学的面前表扬了他，说他心思独到、想象力非常丰富。那个孩子脸红了，可是我能感觉到他心里非常高兴。从那以后，这个孩子写作的积极性大大提高了，经常会拿着作文让我给他看，我也总是会挑出他写得好的地方，对他加以表扬，随着表扬的次数越来越多，这个孩子也渐渐自信起来。

或许有的家长会说，老师的表扬总是比家长要有效得多，在实际生活中，家长如果总是表扬孩子，他却未必会信。作为孩子的家长，要如何做才能给予孩子自信心呢？

方法一：要让孩子相信自己是聪明的

多年和孩子接触过程中，我总结出了这样的经验：很多孩子之所以没有自信心，就是因为在心里给了自己很多负面评价——我就是笨的，不聪明的，我就是学不好了。

家长们可以想一想：一旦孩子心中存有这样的想法，还怎么可能自信？怎么可能学好？怎么可能爱上学习呢？

在与家长们交流过程中，也有家长发出这样的质疑：孩子那么小，怎么就会给自己这么多负面的评价呢？

其实，追根溯源，孩子这些负面的评价完全是拜家长所赐。为什么这么说呢？

我们可以看这样两个场景：

场景一：

孩子皱着眉头正在对着作业冥思苦想，家长在一旁不耐烦地说道："这么简单的题还要做半天，笨死了！"

场景二：

孩子兴冲冲地拿着成绩单来到父母跟前："妈妈，我这次考了95分！"妈妈一脸不屑："95分算什么？你看人家芳芳，考了100分。"本来满心欢喜的孩子心情瞬间跌到了低谷。

3年级的孩子已经具有了基本的理性思维能力和判断能力，家长对他的态度在一定程度上影响着他对自身的看法和评价。就像例子中提到的两个孩子，妈妈总是在他的耳边说"笨死了"，总是对孩子的努力不屑一顾，就会在孩子心里留下这样的印象：我是笨的，不聪明的。当这种思想一旦在孩子的心里生根发芽，就会慢慢消磨掉孩子的自信心，使孩子变得越来越自卑。

明白了这些，家长在培养孩子自信心的时候，就要不断向孩子灌输这样一种思想：你是聪明的。

一位睿智的父亲是这样做的：

3年级一次语文测验过后，儿子腾腾闷闷不乐地回到家。看到儿子这个样子，我问他："腾腾怎么了？"腾腾嘟着嘴道："爸爸，我怎么这么笨啊，总是学不好语文！"听着儿子这样否定自己，我立刻反对道："我的儿子才不笨呢！""可是，我这次考试的成绩是我们班上最差的……"儿子沮丧地说。

"我的儿子可是很有语文天赋的，上1—2年级的时候，你语文不是经常拿满分吗？"我继续鼓励道。

儿子依旧不自信地看着我:"我怎么不记得了……"

望着儿子怀疑的眼神,我接着说:"你等着,我给你拿以前的试卷看看!"边说我边从书柜里找出儿子以前的考试试卷,拿给儿子看。

看着试卷上红红的 100 分,儿子似乎确定自己在学习语文上并不是那么笨,不好意思地对我说:"爸爸,我下次一定能考好,你放心吧!"

很多家长都有这样的经验:3 年级的孩子已经不再简单地满足于家长的几句夸赞和鼓励,很多时候对于家长的话,他们甚至会抱着怀疑的态度,认为家长是在哄骗自己。这个时候,作为家长就要拿出充分的"证据",让孩子相信他自己是聪明的,在某些方面是有天赋的。就像例子中的父亲一样,当孩子觉得自己学不好语文时,父亲在鼓励孩子的基础上再拿出有力的"证据",就会使孩子慢慢相信自己是有语文天赋的,是聪明的,当孩子内心具备了这样的想法,也就能够自信起来了。

方法二:让孩子相信自己是惹人喜爱的

在一次 3 年级夏令营活动中,我认识了这样两个男孩:小辰和晓峰。两个孩子总是远远地躲到一边看着别人玩得热火朝天,不敢走近大家。对此,我很是纳闷,都是同一个年龄阶段的孩子,他们有什么放不开的吗?

于是,我找来两个孩子问他们:"为什么不和同学们一起玩呢?"

让我没有想到的是,两个孩子的回答出奇的相像:"同学们都不喜欢我,我是惹人讨厌的……"

听着两个孩子说出这样的话,我大吃一惊:才只是 3 年级的孩子,怎么会生出这样的想法?

在走访两个孩子家庭的过程中,我了解到这样一些情况:小辰和晓峰的父母是做生意的,平时很忙也没有时间照料孩子,跟孩子接触的时间也比较少。长期和父母疏远,孩子不自觉地就产生了父母不爱自己的

想法。当这种想法长期困扰孩子的时候,孩子心里就会认为自己是不招人喜欢的,从而滋生出浓浓的自卑情绪,干什么都提不起精神。

知道了这些,家长在日常生活中就要注意多和孩子接触,用行动让孩子感受到自己的爱和呵护,让他感觉到自己是惹人喜爱的,从而慢慢乐观、开朗起来,自信起来。

我的邻居在培养孩子自信心的时候,是这么做的:

女儿欣欣上3年级了,不知道什么原因,最近总是闷闷不乐,一问她怎么了,她就唉声叹气地说:"妈妈,我是不是很不招人喜欢啊?"

我不解地看着她:"欣欣为什么会这么说呢?"

"我总觉得同学们不喜欢我。"欣欣委屈地嘟着嘴。

我轻轻抱了抱女儿,笑着说:"我的欣欣怎么会不招人喜欢呢,妈妈单位的叔叔阿姨不都夸欣欣可爱吗?"

女儿扑闪着眼睛问:"真的吗?"

我揉了揉女儿的头发,宠溺地说:"当然是真的,我的女儿是最招人喜欢的了!"

女儿感受到我的关爱,小脸一红,不好意思地跑开了。

自那次之后,我工作即使再忙,也总会抽出一点时间来和女儿亲密接触一番,在我的这种方式熏陶之下,女儿渐渐变得开朗起来,开始积极和同学们接触,随着和同学们慢慢熟稔,她渐渐地自信起来……

对于3年级的孩子来说,他们已经具备一定的思考和认知能力,能够敏感地从别人的言谈举止中捕捉一些信息。也正是如此,作为3年级孩子的家长,就要在日常生活的点滴中,让孩子充分感受到你的爱与关注,让孩子觉得自己是惹人喜欢的,从而敢于去自信地表现自己。

也许一些家长觉得,孩子年龄越来越大了,和孩子亲热会让孩子觉得不自在。其实,只要家长在表达自己的爱时,表现得自然而然,孩子并不会感到不自在,反而比较容易接受,比如:没事的时候,拍拍孩子的肩膀,投给他一个鼓励的眼神;挨着孩子坐下,和孩子聊聊天;或者把孩子搂在怀里,直接告诉他"妈妈(爸爸)很爱你"。当家长这么做的时候,孩子能够清楚地感受到家长对自己十分喜爱。已经具备一定思考能力的孩子,心里就会产生一种满足感,觉得自己是惹人喜爱的。

方法三:让孩子相信自己是有前途的

我曾教过这样一个男孩,他名叫晓宇。1—2年级的时候,这个孩子学习成绩一直很不错,但是一升入3年级成绩就开始直线下降,不仅如此,晓宇对待学习的态度也明显开始消极起来。

对此我很是费解:一个本来非常优秀的孩子,怎么会变成这样?

在与晓宇聊天的过程中,这位男孩向我道出了原委:

原来升入3年级之后,成绩下降他也很着急,也试着去努力,但是每次都进步不大。可是爸爸妈妈每天却只知道唠叨他:"真是笨死了,3年级这么简单的东西都学不好,以后你还能干什么……"

每天被爸爸妈妈这样唠叨,晓宇心里烦透了,本来就信心不足的他,干脆就彻底不学了……

无可否认,在生活中像晓宇父母这样的家长并不少见,他们一看见孩子的成绩下降就会急得方寸大乱,言语之间不经意就流露出了对孩子的轻视。结果,在家长这种态度的长期作用下,孩子变得越来越没自信,越来越不愿意去学了。

就像我的一位学生说的那样:"既然爸爸妈妈都认为我没前途了,我还学习干吗!"

听听,家长对孩子的看法对孩子的影响有多么大!明白了这些,家长在日常与孩子相处的过程中,就要适时地表达出家长对孩子的信心和期望,让孩子相信他自己是有前途的,不断地给予孩子学习的动力

和支持。

我所熟识的一位家长就是这样鼓励孩子的：

一次洋洋又没有考好，回来后垂头丧气地跟我说："妈妈，我总是考这么差，看来我以后是没什么前途了……"听儿子小小年纪居然说出这样的话，我很是震惊，但却故作平淡地问他："洋洋不是说以后要当科学家吗？现在不想了？"

儿子闷声道："我成绩总是这么差，当不成科学家了。"

"一次两次考试失败算什么？"我故意装作满不在乎的样子，接着说，"牛顿小的时候，成绩也不是很好啊！"

儿子一看我提起他崇拜的科学家，眼中闪着亮光，但仍旧有些怀疑地问："成绩不好真没有关系吗？"

我耐心地又说："洋洋，只要你努力了，下次比这一次有进步就好。洋洋一点一点地努力，一定能有好成绩的。"

儿子听着我的话，脸上一阵激动，一本正经地点点头："我会继续努力的，我会为我的科学家梦想奋斗的！"

3年级的孩子意志力还很薄弱，面对困难很容易就会退缩，这个时候就需要家长适时地给予孩子以肯定和信心，坚定他的信心，让孩子相信自己是有前途的，只要努力就一定能够取得成绩。就像例子中的家长一样，当孩子对自己失去信心的时候，家长用孩子的理想来激励他，用名人的事例来告诉孩子，只要一点一点地努力，就一定会有成绩。已经具备一定自尊、自我意识和好胜心理的3年级孩子，在这个时候往往就能够重振旗鼓，重拾信心了。

三 如何激励孩子更上进、更积极地学习

3年级开学没多久，一位家长找到我说："也不知道我家的孩子这是怎么了，一升入3年级，之前那股学习的劲头都跑没影儿了，整天特别容易满足，考80分就高兴得不得了。孩子如果老是这么不求上进，这以后成绩还能好吗？"

其实，不求上进、学习被动，在3年级孩子的身上是非常普遍的现象。

很多家长对此感到费解：1-2年级一直都很喜欢学习的孩子们，到了3年级为什么就开始不思进取了呢？

这其实和3年级这个特殊阶段有关，我们都知道，3年级正是小学低年级到中高年级的过渡时期，孩子刚刚进入学校的新奇感随着课业压力的增大慢慢消退，在不断增强的课业难度下，孩子们对学习渐渐产生了畏难情绪，在他心里也就会给自己的能力进行设定——自己能考到什么程度。一旦达到了自己设定的标准，他就会很满足，觉得自己已经很不错了。

如果家长们不明白这个阶段的孩子心里到底在想些什么，就会对孩子的行为感到不理解，甚至有时候还会对此大发雷霆。

我就曾亲眼见识了这样一幕：

和邻居在楼下小区散步的时候，正巧看到邻居家的女儿放学。一看到邻居，小丫头蹦蹦跳跳地跑了过来，兴高采烈地跟邻居说："妈妈，我这次语文测验考了85分！"一听孩子这话，邻居脸色立时一沉："85分有什么好炫耀的！真是不知道上进！"小丫头看妈妈不仅没有替自己

高兴，反而训斥自己，小脸一塌，不高兴地跑开了。

家长对孩子要求高，我能理解，但是像邻居这样面对不能令自己满意的成绩，兜头就向孩子泼冷水的行为，我却是不赞成的。在家长看来85分可能不算什么，但是对孩子来说，可能就是她努力很久的结果，家长如果不明白这些，盲目地打击孩子，看不到孩子的努力，只会让孩子心灰意冷，从而更加不求上进、不思进取。

也正是从这一点上说，当3年级孩子身上出现不求上进的表现、消极被动的现象时，作为孩子的家长，就该思考到底该怎么做，才能避免这些情况的发生，促使孩子更上进、更积极地学习了。

方法一：当孩子成绩好时，要表现出你的欣喜

在和3年级孩子的家长聊天的时候，我曾反复提到这样一个观点：

孩子上进还是不上进、积极还是消极，很多时候都是由家长的态度决定的。

就拿我班上学生的两位家长为例：

我的这两位学生刚升入3年级时学习成绩差不多，然而过了没多长时间，我发现两人之间差距越来越大，两个孩子精神状态也明显有着天壤之别，一个总是精神头儿十足，一个则是无精打采。

对此我很是不解，为什么起点差不多的两个孩子，会在这么短时间内出现这么大的差距？

怀着这样的疑问，我找来了这两个学生，在和这两个学生谈心的过程中，我找出了症结所在：

原来，精神状态好的那个学生每次考好成绩之后，爸爸妈妈都会真心地表扬他，并为他所取得的成绩感到骄傲。

而学习状态不好的这个学生在每次考得好成绩之后，爸爸妈妈却总是会不以为意，好像并没有把孩子的成绩放在心上。

在家长的不同态度之下，两个孩子心里也就产生了不同的想法，一位孩子感受到了家长的满足和鼓励，从而自信满满地投入到学习当中去；一位孩子感受不到家长对自己的关爱，觉得自己就是成绩再好家长也不关心自己，也就慢慢失去了学习的兴趣。

也正是因为明白了这一点，在平常和3年级孩子的家长接触过程中，我总是会向家长们传达这样一种思想：当孩子成绩好时，一定要表现出你的欣喜，给予孩子适当的表扬。

在这方面一位聪明的妈妈是这样做的：

每当女儿乔乔成绩考得不错时，我都会真心地替她感到高兴，把孩子的奖状贴在客厅显眼的地方，做几个孩子爱吃的菜庆祝一下。每当这时，孩子都会显得特别激动，跟在我的屁股后面跑前跑后，她还常常会说："妈妈，谢谢你为我做的一切，我会努力取得更好的成绩的。"而且，女儿真的是这样做的。

孩子取得好成绩后，最需要的就是认可，在这个时候，家长适时地对孩子提出表扬，给予孩子认可，那么孩子就会感受到父母的支持，就会在心里认定自己是优秀的，从而充满学习的动力。关于这一点，例子中的家长就做得非常好，当孩子取得不错的成绩时，把孩子的奖状贴在家里显眼的地方，给孩子做几个爱吃的菜，和孩子一同分享她的成绩，这样孩子就会在心里生出一定的成就感，也就会不断地上进，积极地学习了。

方法二：当孩子成绩不好时，不骄不躁、宽容大度

对此，我所熟识的一位学生家长是这样做的：

儿子小迅刚刚升入3年级时，成绩起伏不定，有时候差得甚至能排到班级倒数几名。但面对孩子并不如意的成绩，我从来没有责骂过他，相反，我总是会耐心地安慰他："孩子，妈妈知道你没考好心里很难

过。没关系的，失败是成功之母，我们只有知道自己的不足在哪里，才能有进步，不是吗？妈妈和你一起努力！"

孩子听完我的话之后，心情往往就会好很多，也就会自觉地把那些错误的题目捡出来和我一起探讨解法。结果这样坚持了半个学期之后，儿子的成绩也渐渐稳定了下来。

对于具有一定自尊、自我意识的 3 年级孩子来讲，考不好，他的心里其实是最难过的。这个时候，家长一句"妈妈知道你一定很难过"就能很好地拉近与孩子的距离，让孩子感受到家长的关爱和理解，从而放松心态，努力找出自己的不足，在总结经验教训的过程中，积极主动地学习，并不断进步。

四 3年级,最为重要的几项学习习惯培养(一)

一家国内知名教育机构调查显示:在小学阶段,孩子们的成绩之所以会出现差距,并不是因为孩子们的智商相差多少,而是和孩子们是否拥有良好的学习习惯有着极大的关系。

关于这一点,我在教学过程中也是深有体会。

我曾教过这样两类学生:一类学生,拥有很好的学习习惯,预习、听课、作业、复习,每个环节都做得非常到位;一类学生,学习毫无章法,听课盲目、作业糊弄,课下更是光知道玩耍不知道学习。结果也就可想而知,这两类学生的成绩也就因此拉开了距离。

在和3年级孩子的家长谈到这个问题的时候,很多家长对此感到费解:孩子才上3年级,只有10岁左右,学习没计划、贪玩一些也是很正常的,真有你说的那么严重吗?

要我说,家长如果有这样的想法,那么对孩子良好的学习习惯养成来说,就是非常不利的。

3年级阶段,正是孩子各项能力和习惯开始形成和发展的关键期,家长若是不能够及时地对孩子进行培养,孩子在学习的道路上难免就会走很多弯路,想要在学习上取得一定的成绩也就比较困难了。

也正是因为如此,在与3年级孩子的家长接触过程中,我总会反复向家长们强调这样一点:3年级孩子的学习习惯培养非常重要。

我所熟识的一位家长因为深刻认识到了这一点,在教育孩子的过程中,可谓是受益匪浅:

女儿冰冰上 3 年级之后，她在 1–2 年级时那套没有章法的学习习惯渐渐显出了弊端，学习时常常是忙着这儿忘了那儿，经常是一晚上过去了什么都做不好。结果，一个月下来，女儿的成绩出现了大幅下滑。看到这样的情况，我非常着急，在和女儿老师接触过程中，老师给出我这样的解决方法：培养孩子良好的学习习惯。听从老师的建议之后，我开始帮助孩子列出详细的学习计划，照顾到学习过程中的每一个环节。孩子坚持了一段时间之后，成绩果然有了一定的起色。

3 年级，正是孩子从低年级到中高年级的过渡期，孩子面对不断增加的课业内容，总是会感到手忙脚乱，若是没有良好的学习习惯，学习成绩下滑、学习感到吃力，也就在情理之中了。例子中的妈妈就做得非常好，发现问题之后，及时帮助孩子制定一个学习计划，照顾到了学习过程中的各个环节。

那么，学习过程中这些必不可少的环节都有哪些呢？家长应该如何帮助孩子逐步完善，养成良好的学习习惯呢？

方法一：按时睡眠，生活规律很重要

曾经有一段时间，我发现班上有些学生上课非常没有精神，甚至有的学生干脆在课堂上睡起觉来。对此我很是震惊，3 年级正是小升初上名校最为关键的准备期，在这个阶段孩子们若是这副样子对待学习，还怎么可能学得好，怎么可能出成绩？

在与这些学生家长接触过程中，我了解到，这些孩子晚上总是想多玩一会儿，不愿睡觉，结果也就造成了孩子早上不愿起床，上课没有精神，学习状态十分不好，成绩也就出现了大幅下滑。

跟孩子们说起这些原因时，很多孩子还不服气，认为作息规律和学习好坏没有直接关系。

其实，这种想法是非常错误的。学习，是一个循环往复的过程，某一个环节掌握不好，都会影响下一环节。就拿孩子们作息时间不规律来说，晚上没有休息好，上课肯定就会没精神，听课不能集中精力，也就不能很好地掌握课上内容，那必然作业就不会做，作业不会做，学习的自信心也就会随之下降，学习成绩下降，到最后，孩子就会对学习产生厌烦情绪，失去学习的兴趣，孩子的学习情况也就可想而知了。

明白了这些，家长在培养孩子良好的学习习惯时，就应该把孩子的作息规律作为其中一个重要的方面加以重视起来。

一次家长会上，一位妈妈就曾这样介绍经验：

我曾给孩子立下这样一个规矩：每晚 10 点必须上床睡觉。10 岁左右的孩子并没有一定的时间观念，家长就要帮助他们树立起一定的时间观念。就拿我刚给孩子订立规矩的那段时间来说，孩子在做作业时，常常会不自觉地动动这儿，摸摸那儿，一个晚上还没做什么，也就过去了，孩子一看到了 10 点钟，但作业还没做完，就会央求我让他过一会儿再睡。这时候，我就会果断地告诉他，作业没写完，明天早起再写，但现在必须睡觉。孩子看我坚持，虽然不乐意，但也只好乖乖上床。有了这样的教训，孩子下次再写作业的时候，也就懂得抓紧时间了。有了这个作息规律之后，孩子每天的精神头儿足了，学习的效率也高了不少。

按时睡眠，生活规律，对于 3 年级孩子的学习来说，可谓是必不可少的一环。就像我在本节开始提到的那样，孩子们平时不注意生活规律，精力不足，上课没有精神，甚至在课堂上睡起觉来……家长们可以想一下：孩子如果总是以这个精神状态学习，怎么可能会学得好呢？

方法二：培养孩子预习的好习惯

在我教过的学生中，有这样一位学生：

尧尧来上学时经常会忘记带课本,听课也不大做笔记,但是让人想不到的是,每次考试他都能够名列前茅。这其中的原因何在呢?课下我曾针对这个问题问过他,尧尧这样回答我:"其实,这还要归功于我的预习习惯。我每天都会把老师第二天要讲的内容预习一下,把自己不懂的、不会的挑出来,等老师讲的时候认真听、认真记,一堂课下来,我就能把那些不懂、不会的内容掌握了,回家再做作业,很快就能掌握这些知识,考个不错的成绩也就不是什么难事了。"

听了这位学生的话,家长们是不是明白了些什么呢?预习,作为学习过程中的重要一环,常常能极大地提高孩子们的听课效率,减轻孩子们听课的压力,让孩子们在听课的过程中更加主动积极。

然而,在实际教学过程中,我却发现,很多3年级的孩子虽然有预习的习惯,但却犯了预习方法不正确的错误。

一位家长就曾经这样跟我抱怨:

我也让我家孩子预习,在前一天晚上就把第二天要讲的内容全都看一遍,把一些不懂的问题列出来,自己能解决就尝试着自己解决。有的时候,为了预习明天的功课,他晚上连觉都睡不好。可是现在他的听课效率反而是越来越差,学习成绩也下滑了。难道说,我让孩子预习还错了吗?

诚然,这位家长让孩子预习本来是没有错,但把预习当成一种负担,让孩子超负荷地学习就是错了。

所以,作为3年级孩子的家长,光是知道预习重要还不够,还要掌握预习的方法,才能达到满意的效果。

一位睿智的家长是这样安排自己女儿的预习工作的:

女儿芳芳语文成绩不错,数学成绩却很差,英语成绩一般。在了解女儿实际情况的基础之上,我给她做了这样一个安排:先预习数学,时间要长一些,用心一些;然后预习英语,时间比数学短一些,预习的时候要细致;最后大概预习一下语文。在这样的预习方法下,芳芳的数学和英语成绩慢慢都有了提升。

3 年级的孩子,因为年龄还小,预习的时间不宜太长,而如何在最短的时间内取得最大的收获,是每个家长都应该注意的问题。芳芳的家长就做得非常好,在有限的时间内将时间进行一个合理的规划,让孩子在薄弱学科上多下些工夫,对于孩子擅长的学科酌情减少预习时间。预习分出主次,预习的效果也就好得多了。

方法三:认真完成作业,有助于孩子提高成绩

3 年级一次测验过后,一位家长心急如焚地找到我:"别人都说我家的孩子聪明,实际生活中这孩子也确实非常的机灵,但是他怎么每次考试却考不好呢?"

看着这位家长一脸焦灼,我只说了一句话:"督促孩子认真完成作业,帮助孩子养成认真写作业的习惯,孩子的成绩就能慢慢提上去。"

这位家长对我的话将信将疑,不过却真按照我的方法去做了。大概过了两个月后,这位家长激动地给我打来电话说:"您说的方法真管用,现在孩子的成绩真慢慢提上去了!"

其实,这个结果早在我的意料之中。这位家长的孩子,我是了解的,确实很聪明,但就是作业不认真,经常会出现这样那样的错误。平时老师说了他多少遍,他就是改不了,此次通过家长在家庭教育中的督促,终于使这个孩子改正了这一毛病,成绩得到了提高。

和这个孩子的情况一样,很多 3 年级孩子之所以成绩不好,很大一部分原因就是因为作业不认真。3 年级虽然课程内容有了增加,难度有了一定的加大,但归根结底,这些还是最基础的知识,都是基础题,只要孩子能够认真完成作业,成绩一般都不会成问题。也正是从这一点上说,认真做作业就是孩子养成良好学习习惯的重要一环。

方法四：课后复习帮助孩子查漏补缺

在与 3 年级孩子的家长接触过程中，我常常听到这样的声音：

"我家孩子平时也挺努力的，上课认真听，作业认真做，怎么就是考试考不好呢？"

"我家孩子参加一些小测验还可以，一碰到大型考试就发挥失常，这孩子的心理素质怎么就这么差呢？"

"孩子经常跟我抱怨，考试的时候什么都想不起来，一出考场就什么都记起来了，真不知道到底是怎么回事！"

每当听到家长们这样的声音，我都会耐心地告诉他们，之所以出现这些现象，很大一部分原因就是孩子课后复习的工作没有做到位，知识记忆不扎实。

一位教育学家曾提出这样的观点：如果孩子学完了知识后不复习，那么孩子学到的知识只有 25%。也就是说，如果孩子学过知识后，不及时加以巩固，很大一部分知识就会被遗忘。然而，实际生活中，很多家长却没有意识到复习的重要性，对孩子的复习工作没有充分重视起来，认为孩子只要在考试之前复习就可以了，平时复习没用。

真的是这样吗？

我看不然。在多年教学过程中，我发现这样一个现象：那些注意平时复习的孩子往往能够保持不错的成绩，那些不注重平时复习、临时抱佛脚的孩子则经常会考得比较糟糕。

正是基于这样的经验，在和 3 年级孩子的家长接触过程中，我总是会反复强调复习的重要性。

一位重视孩子复习工作的 3 年级孩子的家长就因此受益匪浅：

孩子上 3 年级之后，经常会感觉学习吃力。对此我很是费解：孩子 1-2 年级的时候学习一直都很不错啊，现在出现这种情况，问题出在哪里呢?

在观察了一段时间后,我发现孩子之所以会出现这样的情况,就是因为复习这个环节没有做好,当天学过的知识不能当天消化,不懂的知识越积越多,到最后一考试,心里没把握的知识点太多,考不好也就很正常了。明白了这一点,我开始把孩子的复习环节抓了起来,每天孩子放学后,我给孩子安排了这样一道学习程序:复习当天所学知识→做作业→预习明天知识。孩子这样坚持了大概 3 个月,成绩明显就有了起色。

这位家长将复习安排在了学习的首要环节,是有着一定科学依据的。3 年级的孩子年龄还比较小,理解和接受能力有限,老师当天讲过的知识,他不一定能够完全理解,课下复习就可以很好地起到这个查漏补缺的作用,在理解和掌握当天知识的基础之上,再做作业就能轻松很多。同时,知识都具有一定的连贯性,孩子能够及时掌握当天内容,也就能够更好地接受后面将要学习的内容,从而使整个学习过程更加轻松顺畅。

当然,家长在培养孩子复习的习惯时,还要让孩子明白这样一点:复习环节是一个循环往复的过程,同样的知识不能复习一次就弃之不顾,也不能三天打鱼两天晒网,而是需要不断地重复记忆,这样才能保证知识记忆牢固,运用起来得心应手。

五 3年级，最为重要的几项学习习惯培养(二)

一次3年级资深教师交流会中，他们提到这样一点：在3年级阶段，孩子除了要把学习过程中的各个环节做好，还需要培养其他多方面的良好学习习惯，才能保证学习的效率和质量，为今后的学习生活打下牢固的基础。

仔细想想，这几位教师的话，确实很有道理。

我就曾教过这样一个学生，学习很努力，学习过程的各个环节都做得很到位，然而，学习成绩却一直不见长进，这位学生对此很是纳闷，郁闷地找到我："老师，别人这样学，我也是这样学，为什么我的成绩就是提不上去呢？"

这个孩子我是了解的，人聪明，学习也努力，就是有一点：比较马虎、大意。很多时候，错过一遍的题目，下次做他还是会错。对于他的问题，我给出了这样的建议："准备一个错题本，把平时习题、试卷上面的错误收录起来，仔细研究一下自己为什么会错，想一想解题过程、方法，把常犯的错误彻底弄清楚、搞明白。"

这个孩子照着我的话坚持了一段时间，成绩果然就有了起色。

在3年级阶段，孩子把学习的各个环节都做到了还不够，还要在细节上做足工夫，才能保证取得一个好成绩，否则，依然难免陷入成绩上不去的境地。就像我的这位学生，学习过程中的每个环节都顾及到了，但是平时做题中的错误却没有引起他足够的重视，不会的知识点仍旧没有掌握，这也就造成了孩子学习过程中出现了很多盲点。当这些盲点越积越多的时候,孩子学习就会感到吃力,成绩不好也就很正常了。

明白了这一点,家长在培养孩子良好学习习惯的时候,就要更加注意到学习过程中的每个细节。

一位成绩一直不错的3年级学生曾这样介绍自己的经验:

很多同学都问我这样一个问题:"为什么大家都用同样的学习方法,你的成绩却总是能高出大家一截?"其实,我也没什么秘诀,就是比大家细心一些、认真一些,把每一个知识点都搞清楚了;喜欢动脑筋多想一想,题目是不是会有其他的解法……

这位同学的经验听起来似乎没有什么特别之处,细心、动脑……大家谁都能做到,然而,就是在这些看起来谁都能做到的小地方,孩子们的成绩却拉开了差距。

为什么这么说呢?

我们听听一些3年级老师是怎么说的:

"这道题孩子明明能做对,可就是书写太乱,看不清,想给分也没法给啊!"

"这类型的题都跟他们讲了多少遍了,还是做错,真不知道这些孩子们整天在想什么。"

……

看到这里,家长们是不是明白了呢?日常学习过程中的很多细节,会直接影响到孩子学习成绩的好坏。

那么,这些细节都有哪些呢?家长又该如何帮助孩子注重细节,养成良好的学习习惯呢?

方法一:书写潦草、字迹不清——帮助孩子养成认真书写的习惯

在日常和3年级孩子的家长接触时,我总是会跟他们说这样一点:一定要帮助孩子养成认真书写的习惯。

对此,有相当一部分家长曾发出这样的疑问:"书写不只是一个形

式吗？对成绩又没有多大影响。"

每当听到家长们这样的话，我都会非常严肃地告诉他们："你们这种认识是非常错误的。书写的好坏将直接影响着阅卷者对书写者学习态度、学习质量甚至个人素质的评价，卷面好比一个人的面孔，老师常常会不自觉地依据自己的第一印象来'打分'。"

我说这话，并非没有依据。执教多年，我曾多次参与小升初的阅卷工作，在这个过程中，我发现这样一个现象：很多试卷都因书写不规范被扣掉不少分数。书写潦草、字迹不清是孩子们在答题过程中经常会犯的错误。

卷面清楚与否，一方面是孩子学习态度在阅卷老师面前的一个呈现，另一方面也显示着孩子学习的认真程度。一个能够认真书写的孩子，往往也能够认真对待学习及其他许多事情。相反，一个连字都不愿意好好写的孩子，也就很难做好别的事情。

因此，家长给予重视并及早对孩子提出书写方面的要求，不仅能帮助孩子提高书写的质量，更是能够促使其养成做事认真仔细的好习惯，提高孩子的整体素质。

我在教学过程中，就非常重视对学生们书写习惯的培养：

3年级的学生都有一点自我表现的意识，抓住孩子这个心理特征，我常常给孩子们制造一些公开表现的机会。比如，上完课后，我总会在黑板上写下几道题目，让孩子们上去解答。解答过程清楚、书写规范的学生就会受到表扬。就这样，我每堂课都会让不同的孩子到黑板前去做题。在孩子们做完题后，我再指出他们哪里不规范，哪里需要改正。除此之外，在批阅作业的过程中，我也经常会帮助孩子们找出不足之处，比如说解题步骤缺少了哪步，哪个符号书写不规范……在这样的教育之下，我班上的学生几乎都能做到认真书写，因书写不规范失分的现象，在全年级也是最低的。

家长在培养孩子认真书写习惯时，不妨也巧妙地利用一下3年级孩子的心理特征。比如3年级的孩子已经知道爱面子了，家长就可以适当地用"面子问题"刺激一下他，促使他规范书写；比如说3年级的孩子已经具有一定的评价意识，家长可以帮助孩子找一些书写规范的榜样，让孩子在自我比较中找到自身的不足……

家长能够恰当地把握住3年级阶段孩子的心理特征，想要培养孩子认真书写的习惯，也就很容易了。

方法二：不爱思考、出现畏难情绪——帮助孩子养成认真观察、思索的习惯

曾有3年级家长这样向我抱怨：

孩子1-2年级的时候，学习的积极性还很高，可是到了3年级以后，作业不愿写了，课本不愿看了，让他自己做一道题磨蹭半天都做不出来，你说这孩子到底是怎么回事呢？

相信很多家长也都有这样的体会：孩子在1-2年级的时候，成绩还不错，学习也很卖力，可一到了3年级，那个让家长欣慰、老师喜欢的孩子好像忽然就不见了，他们不愿意再自己思考问题，不愿意自己动脑筋，做作业总是会拖拖沓沓，喜欢依赖别人。

面对这样的情况，家长们也很是纳闷：为什么3年级的孩子会变成这样呢？

其实，孩子之所以会变成这样，很大一部分原因就在于孩子小的时候，家长没有注重培养孩子认真观察、思索的习惯。在孩子1-2年级的时候，课业内容不多、难度不大，孩子不用费什么心思，也能应对自如。随着孩子升入3年级，课业难度越来越大，课业内容越来越重，需要孩子认真观察和思索的东西一下子开始多了。语文的写作训练自不必多说，数学方面的以生活为基础的数量关系、图形关系等知识点，也

越来越难以理解和掌握。孩子们若是没有一定的观察、思索能力，那么在学习的过程中，就难免会产生畏难情绪，不愿意自己动脑，不愿意自己思考，对学习提不起兴趣，习惯依赖他人。

清楚了这一点，家长在培养孩子学习习惯的时候，就应该把培养孩子认真观察、思索的习惯，当成一项重要的任务来完成。

我所熟识的一位家长，是这样培养孩子认真观察、思索习惯的：

女儿萌萌小的时候，我就注意培养孩子的观察、思索能力。

就拿我们一起逛公园的事来说，每当我带女儿去公园的时候，我总是会有意无意地问："你看到了什么？"女儿总是会仰着小脑袋四处看着，一边看一边喋喋不休地说："我看到了翠绿的树、鲜艳的花、漂亮的蝴蝶、干净的湖水……"听着女儿说得头头是道，我接着问："那萌萌知道树为什么会绿，花儿为什么会红，蝴蝶为什么会在这个时候出现吗？"女儿仰着小脑袋一本正经地说："因为春天来了。""那为什么会有春天呢？"我又问。

女儿答不上来了。于是我引导道："萌萌在自然课上是不是学过，地球的自转和公转……"

女儿眼前一亮，欢呼道："妈妈，我知道了，春天的到来是因为地球公转的结果，地球公转产生四季……"女儿的话匣子又打开了。

每次我问女儿问题，女儿总是积极地搜罗一些新学过的词汇来用，一直这样坚持下来，不仅女儿观察自然的能力非常强，运用新知识的能力也比同龄人强出了很多。因为在这个过程中，我总是尽量引导孩子去发现问题，提出问题，解决问题，女儿也就养成了独立思索的习惯。

从引导孩子观察自然入手，帮助孩子养成认真观察的习惯，无疑是最便捷的方式。在这一点上，例子中的妈妈就做得非常好，因为天性使然，孩子总是对大自然充满好奇。作为家长带着孩子多接触自然，多给孩子创造观察自然的机会，促使他认真观察，思索，发现问题，提出问题，解决问题，孩子的各种能力在不知不觉间就有了一定的提升。

方法三：做事没有条理——从收拾文具入手，培养孩子有条理的习惯

3年级正是孩子各项习惯养成的关键时期，如果在这个时期，家长不能帮助孩子树立好的习惯，纠正坏的习惯，那么，那些坏的习惯很可能就会伴随孩子一生，这对孩子的将来是非常不利的。

就拿做事没有条理这一点为例，让我们来看一看，在学习生活中会给孩子造成怎样的影响：

3年级的孩子小米是一个聪明的小姑娘，就是做事没有条理；做作业没有规划，东写一笔，西画一笔，往往是一个晚上过去了，她都做不完作业；作业拖得太晚，妈妈催她睡觉，她心烦意乱，便胡乱写两下了事；学习用具、课本之类更是看也不看就扔进书包……第二天上学才发现，不仅作业没带，连课本都没装上。结果可想而知，这孩子的听课效率越来越低，成绩也就越来越差……

看看，孩子成绩下降的原因，就是因为做事没有条理。看似无关紧要的一个细节，却对孩子的学习有着至关重要的影响。或许很多家长对此不解：3年级的孩子应该已经知道吸取教训了，为什么这个孩子总是这样呢？问题的关键就在于，孩子没有条理的习惯已经形成了。坏习惯的养成往往要比好习惯的养成容易得多。当孩子一开始出现没有条理的苗头时，家长没有拿出足够的重视，当习惯已经养成之后，再想要纠正也就困难得多了。

看到这里家长或许会问："那孩子的坏习惯是不是就没法改变了呢？"

不是的，如果家长在培养孩子的过程中，抓住3年级这个关键期，且方法得当，这些坏习惯也是能够纠正的。

对此一位颇有心得的妈妈这样介绍经验：

孩子小时候，什么都不用操心，书包文具，生活起居，总是我帮她整理、安排好。当时也没觉得什么，可是孩子上3年级之后，我发现这

样一个问题：孩子不管做事还是学习越来越没有条理。到这时，我才发现自己对孩子的照顾，竟然让孩子养成了不良的习惯。明白了这些，在日常生活中，我开始有意培养孩子做事的条理性——让她自己收拾书包。为了防止孩子丢三落四，我会把孩子上学经常要用到的东西列一张表，贴在孩子的书桌上，每天孩子收拾的时候，对照一下，看看是否有遗漏。久而久之，对上学需要带什么东西，孩子也就烂熟于心，收拾文具、课本也越来越有条理了⋯⋯

对3年级的孩子来说，家长从收拾文具入手，开始锻炼孩子的条理性无疑是最好的选择。首先，收拾文具是小事，孩子能够自己应付得来，因为这件小事也是关乎孩子自身的，他就会非常的用心，家长这个时候再给他提供一个比照（比如例子中妈妈给出的学习用具列表），他收拾时也就能更加有条理了，长久坚持下来，就能养成一定的条理性。

方法四：帮助孩子养成积极阅读、写作的习惯，进一步锻炼其观察、思维能力

一些有着多年教学经验的老师，经常会对学生们说这样的话：

"抓紧时间多读一些课外书吧，这对你们的学习来说是非常有帮助的。"

"平时多练习一下写作，对于锻炼想象力、思维能力都很有用。"

⋯⋯

这些话可谓是非常有道理。小学阶段是孩子阅读的"黄金时期"，特别是小学3年级，孩子已经具备了一定的阅读能力，并且还没有面临小升初的压力，时间上和精力上都很充沛，如果孩子能在这个时期养成好的阅读习惯，不论是孩子的知识储备，还是理解事物的能力都能得到极大的增强。

在教学过程中，我就经常会遇到这样的学生，他们的课堂反应往往最是敏捷，上课能够紧跟老师的思路，吸收新知识的能力也比其他学生强许多。在与这些学生接触中，我了解到，他们无一例外都有着良好的阅读习惯。

正是因为了解阅读对孩子学习的重要性，我经常会告诉 3 年级孩子的家长：在 3 年级阶段，一定要培养孩子良好的阅读习惯。

很多 3 年级孩子的家长曾就此问过我："培养孩子的阅读能力，对孩子的学习来说固然是好，但我们该让孩子读哪些方面的书呢？"

每当有家长问起这个问题，我都会这样回答：首先，让孩子读一些他们感兴趣的书；其次，让他们读一些经典的名著。让孩子们读一些他们感兴趣的书，孩子才能在阅读中找到乐趣，从而慢慢地爱上阅读。随着孩子阅读习惯的慢慢养成，家长再适时地鼓励孩子读一些经典名著，比如国外的《伊索寓言》《安徒生童话》《一千零一夜》，国内的"四大名著"等等。

当然，家长在引导孩子读这些经典名著的时候，还需要注意这样一点：要选择适合孩子阅读的名著版本，如果版本设计太过成人化，让孩子一看就心生畏难情绪，只怕不仅对孩子阅读无益，反而会挫伤孩子阅读的积极性。所以，从这方面考虑，家长在挑选名著版本的时候，应尽量选择那些适合 3 年级左右孩子阅读的插画本、简装本、袖珍本。

说完阅读习惯培养，我们再说一说写作习惯的培养。我在前文提到了，写作能力在孩子的学习生涯中极其重要，而 3 年级正是培养孩子写作能力的关键期。在这个时期，家长不妨把培养孩子的阅读能力和写作能力结合起来，在孩子阅读某本书籍之后，家长可以要求孩子写写读书笔记、读后感和日记。

写作过程不仅是对语言文字技巧的训练，也是对严格的观察、思维和想象等认识能力的培养。孩子在读和写相互促进的过程中，看得越多，想得越多，就能逐渐形成一定的思考和观察能力，养成良好的学习习惯。

六 3年级，如何让孩子主动学习

很多家长常常问："小学3年级阶段，为什么会出现有的孩子成绩居高不下，有的孩子连及格都成问题的反差现象呢？"

归根结底，还是学习主动性的问题。学习主动的孩子，会自觉做好学习过程中的每个环节，不用别人催促也能自主安排学习，学什么，怎么学，他们心中都有一个把握，相比于其他同学，他们的学习也就轻松得多。

我所教过的一个3年级孩子就是一个很好的例子：

3年级的张鸣，平时和其他同学一样上课、写作业……也不见他特别刻苦，特别用功，但每次考试，张鸣的成绩总是不错。同是3年级的孩子，张鸣怎么能总是保持优秀呢？

怀着这样的疑问，我找来张鸣，跟他进行了一次谈话。在谈话中我了解到，张鸣的成绩之所以会和同学们拉开差距，就是因为张鸣学习比较主动。就拿做作业来说，在3年级阶段，很多学生回家之后，总是等着父母催才会做作业，而张鸣则不是，他放学到家后总是会自觉地完成作业，复习功课，预习明天老师要讲的内容，学习主动性非常强，计划性和目的性也很明确。在这样的学习状态之下，张鸣成绩高出其他同学也就在情理之中了。

在和一些3年级孩子的家长说起这个例子的时候，有家长这样向我抱怨："我家孩子可没人家这孩子'觉悟'高，从来不知道自己主动学习，我不催、不管，没准儿连作业都不写呢，更别提会自己去看书了！"

听到家长抱怨孩子,我常常会想:孩子为什么总是等着家长催促才会去做作业呢?事实上,无非就是家长已经习惯了催促孩子学习的方式,而孩子也已经习惯了在家长的催促之下才去写作业。

我们可能都有这样的经验:当孩子在小学 1~2 年级时,放学之后,大多能够比较自觉地去完成老师布置的作业,但是随着孩子升入 3 年级,课业难度加大,孩子们对学习的新鲜感开始慢慢退去,回家之后常常想多玩一会儿,不愿意马上就学习。这个时候家长就会不由自主地催促孩子赶快去做作业,在家长多次催促之下,孩子们脑袋里便会认为学习是玩的"天敌",对学习更是会心存抵触,学习也就消极被动起来。

面对我这样的说法,很多家长提出质疑:"孩子不写作业,不爱学习,我们管他难道还不对了吗?"

当然,家长催促孩子学习的出发点是好的,只是方法有失妥当。执教多年,我一直坚持这样的教学理念:管是为了不管,我们可以管孩子一时,但管不了孩子一世。

所以,作为家长,在 3 年级这个孩子各项习惯养成的关键时期,一定要注意培养孩子学习的主动性。让孩子意识到,学习是他自己的事情,家长不要总是担任孩子学习的"监督员",使孩子习惯于依赖家长的催促,从而学习更加被动。

那么,具体而言,家长培养孩子主动性的方法都有哪些呢?

方法一:让孩子自己规定每天的学习时间

我曾教过这样一个学生:

他的成绩一直都很不错,学习从来不用父母操心,而且他和别的孩子不同,在他学习的时候,他不喜欢别人参与到他的学习中来。后来和他聊天我了解到,这个孩子自主学习的能力非常强,每个时间段学习什么,自己心中都有一个明确的计划。比如说:晚上 7 点到 7 点半,

做数学作业，并预习明天的课程；7 点半到 8 点做语文作业，并预习明天的课程……

在这种有规律的安排之下，他几乎能把学习的每个环节都顾及到，学习过程对他来说不仅不会乏味，反而轻松自如，充满乐趣。

3 年级的孩子，已经具备了一定自主安排时间的能力，作为家长在这个时期就要懂得对孩子放手，让孩子自己去规定自己的学习时间。孩子这样做时，就能够慢慢养成一定的自主学习能力，在学习过程中积极主动起来。

我所熟识的一位家长，就曾这样说起自己孩子如何学着规定学习时间：

女儿萱萱上 3 年级了，学习的自主性也开始慢慢消失不见了，每天回家之后都会磨蹭半天，不想去学习。一次，看到女儿这个样子，我跟她说："萱萱，学习是你自己的事情，从今天开始就由你自己来安排自己的学习时间。"女儿似乎对我给她"下放"这个权利很兴奋："妈妈，你说的是真的吗？"我严肃地点点头："对。在你自己安排学习时间的时候，要保证每天的作业按时完成，每天的功课温习一下，时间不够，预习可以不做。"

女儿听我不仅给她"放权"还给她指出了一定的方向，当下自信地点着头说："妈妈放心，我保证能做到。"从那以后，这小丫头还真安安分分地制定了一个学习时间表，每天按照自己规定的时间来学习，虽然有时候她也会想要偷一下懒，但一想到时间是自己安排的，一偷懒就可能完不成任务，也就乖乖学习去了。这样过了一段时间，孩子学习的主动性果然强了很多。

看了这个例子，家长们是不是想到了什么呢？不错，3 年级的孩子已经具有了很强的自我意识，家长总是帮孩子安排这儿，安排那儿，孩子不一定会服从家长的安排，甚至会因为厌烦家长的安排而对学习心生抵触,从而采取不合作的态度。例子中的妈妈就做得很好,告诉孩子她可以自主安排自己的学习时间,让孩子掌握一定的权利,孩子因此产生了一定的主人翁意识,慢慢也就能主动起来。

方法二:引导孩子树立理想

在和一些3年级孩子聊天的时候,我曾经问过他们这样一个问题:"你们的理想是什么?"

结果除个别孩子积极回答之外,很多孩子都对此保持沉默。而这几个个别的孩子,恰恰是那些在学习上比较主动积极、成绩也相当不错的孩子。

作为家长,我们都明白这样一个道理:当我们心中有着某一个信念的时候,我们常常就会拿出十倍百倍的努力,去为这个信念而奋斗。对于孩子来说,这个道理同样适用。孩子在心中种下某个理想之后,也就会在学习的过程中积极主动起来。

我就曾教过这样一个3年级的小男孩:

男孩叫飞飞,平时学习特别努力,尤其是喜欢数学。不论课上课下,我总能看到飞飞抱着数学资料在那里写写算算。飞飞的数学成绩也一直是班上最棒的。飞飞不仅利用课下时间自学了全部3年级课程,而且还自己找来了很多奥数题来做。面对飞飞这样的表现,我很是不解:3年级的孩子,学习压力虽然比1–2年级的时候重了很多,但也不需要这么刻苦,飞飞为什么要这么努力呢?

怀着这样的疑问,我找来这个孩子,在和这个孩子聊天的过程中我了解到:

飞飞的舅舅是一位国内知名的数学家,飞飞小的时候,就很羡慕舅舅的成就,立志要做一个舅舅那样的人。上小学接触数学之后,飞飞感觉自己已经迈出了自己理想的第一步,想要实现梦想,就一定要

好好努力,抱着这样的想法,飞飞总能够充满激情地去学习数学。

看,孩子树立起理想,对他的学习有多么重大的影响。

在和家长接触过程中,很多家长都曾说过这样的话:"我们也知道理想对孩子来说很重要,可是我们让孩子为了理想好好学习时,他们为什么经常会不耐烦呢?"

孩子对家长挂在口头的"理想"不耐烦,原因在哪里?其实,就在于家长这些所谓的"理想",并不是孩子想要为之奋斗的理想,换言之,家长把自己的理想强加在了孩子的身上。

就拿前不久我在教室外看到的一幕来说:

一位家长指着孩子骂道:"让你好好学,你不好好学,真是给我丢人,就你这成绩,以后怎么可能考上名牌大学!"

孩子无所谓地四处闲看,似乎对家长这个态度已经习以为常了。

看到这一幕,我真的为这孩子的将来感到担忧。家长总是用自己的理想来要求孩子,对孩子来说并不是好事。就拿上述家长来说,把上名牌大学这个目标强加给孩子,既不考虑孩子的实际学习情况,也不考虑孩子自身的感受,只知道逼迫孩子去学习,只能让孩子越来越厌倦学习。

明白了这些,家长在引导孩子树立理想的时候,一定要注意这样一个要点:从孩子的兴趣出发,引导孩子树立理想,比如:孩子喜欢写作,家长可以告诉他:"只要努力,将来你很可能会成为一个了不起的作家!"孩子喜欢英语,家长可以告诉他:"你将来很可能会成为一个翻译家。"孩子对服装搭配感兴趣,家长就可以鼓励她:"用心的话,你将来很可能会是一名出色的设计师。"……

当家长能够从孩子的兴趣入手,对孩子加以引导的时候,孩子的学习主动性往往就能被极大地调动起来。

第六章

3年级,常见问题及应对方法

一 上网成瘾

二 太贪玩,而不爱学习

三 不爱去上学,不喜欢去学校

四 胆小害羞,不敢在课堂上回答问题

每次 3 年级家长会上，总有家长这样抱怨：

"我家孩子聪明是聪明，就是不把聪明劲儿往正道儿上使，整天就只想着玩儿。"

"我家孩子什么都好，就是比较害羞，不敢在人前说话，不敢在课堂上发言。"

"我家孩子学习倒是不错，就是太爱玩电脑，作业一写完，就坐到电脑前不动弹了。"

"我家孩子最不像话，他不喜欢去学校，还说不愿意上学。"

……

的确，孩子上了 3 年级之后，很多问题就开始凸显出来，望着孩子们的行为、表现渐渐偏离了自己期望的轨迹，家长们开始担心：孩子这个样子，还怎么可能会学得好呢？

也有家长会非常头疼地问："3 年级阶段，正是孩子问题不少又最不好管教的时候，有没有什么具体的方法，可以帮助孩子纠正这些问题呢？"

在教学实践中，我把 3 年级学生身上常见的一些问题总结为以下几个方面，并提出了相应的解决之道。

● 上网成瘾

上网成瘾现象，在男孩身上比较常见。在和 3 年级孩子的家长接触中，很多家长就表示过这样的隐忧：

"我的儿子今年上 3 年级，他从小一直都很乖，成绩也还可以，我和他妈妈也一直对他很放心。可是今年上半学期，他开始迷恋起网络，每天放学就和同学们一起去网吧上网。我们也试着劝过他，甚至打过他、骂过他，可是这孩子就是不听。"

"我家儿子也是，每天都要上好几个小时的网，打网络游戏，经常是折腾得自己晚上兴奋过度，第二天却没什么精神。"

……

然而，家长对孩子这些表现非常不满意的同时，有没有想过孩子为什么会对网络如此着迷呢？其实，这和 3 年级孩子的某些心理特征是分不开的。

3 年级的孩子常常是渴望得到认同和满足的，他们有着更多的领导欲望、支配欲望，而网络的虚拟性恰恰可以加速孩子这种心愿的实现。加之 3 年级孩子课业压力较 1-2 年级大了许多，为了逃避学习的压力，孩子们往往会选择一些发泄和放松的方式，充满着新鲜和刺激的网络世界，无疑就是最能吸引孩子注意力的一种放松形式。寻求快乐、寻找新鲜是孩子的本能，当网络世界的吸引力大于现实世界的时候，孩子的注意力自然很快就会转到网络中。

明白了这些，家长在应对孩子身上出现的上网成瘾问题时就该注

意这样一点：对于孩子的上网成瘾，不能"堵"，只能"疏"。

为什么这么说呢？这还得从 3 年级孩子的阶段特征说起。3 年级的孩子自我意识已经非常强烈，他们非常渴望自由，不希望被管束，当家长采取"堵"的方式管教时，只会激起孩子心底的逆反，采取更加极端的方式反抗，不与家长配合，放任自流，结果变得更加不可收拾。

也正是因为如此，在教育孩子问题上，我一直都不提倡家长采取"堵"的方式。

看到这里，家长们或许会问："既然'堵'不行，我们该怎么'疏'呢？"

方法一：带孩子接触丰富多彩的世界

很多教育学专家对小学 3 年级阶段的孩子迷恋上网都做出这样的分析：3 年级的孩子，之所以会迷恋上网络，大多是由于在家无所事事逼出来的。

仔细揣摩，确是这个道理。3 年级的孩子，除了作业、看书，在家里的空余时间总是很多，若家长对孩子没有一个正确的引导，生性好奇、贪玩的孩子，无事可做的时候，会在网络世界中寻求乐趣，也就不足为奇了。

我曾找过一些喜欢上网的孩子们聊天，一位孩子这样说：

1-2 年级的时候，我的成绩不错，学习也跟得上，学习的压力也不大，每天回家之后，做完作业就觉得无事可做。3 年级的时候，虽然课业难度增强了，但我还能应付得来，学习之余我发现网上有很多有趣的游戏，可以用来打发无聊的学习生活。从此，每当我做完作业之后，就会想上网看一看，玩一会儿，玩得次数多了，我被网上的游戏深深吸引了，越来越爱上网，不想和别人说话，不想去干别的……

看看，这位孩子上网的初衷居然是因为无事可做，打发时间。如果孩子因为这个原因迷恋上网络，就不得不说是家长的失职了。

一位资深心理咨询师曾这样说:"网络成瘾,会使不少孩子的人际交往能力减退,他们往往沉溺在虚拟世界里,逃避现实世界,不喜欢和外界接触,久而久之,不仅不利于孩子的心理发展,更是会影响孩子今后的生活。"

　　明白了这些,家长就要从源头上帮助孩子改掉过分沉迷网络的毛病。

　　我所熟识的一位家长是这样做的:

　　孩子宁宁上3年级后,有一阵子忽然迷恋上了网络,经常在电脑前一坐就是很长一段时间,动都不动,眼睛眨也不眨。看着孩子这样,我心中真是着急。后来吃饭的时候,我问孩子:"宁宁,你为什么那么喜欢上网呢? 上网真有那么好玩吗?"孩子说:"反正我也没事可做,不上网干吗?"

　　听着孩子说出这样的话, 我很是震惊:3年级需要做的事情多着呢,怎么会没事可做呢? 但我明白,如果我直接这样说的话,已经对网络产生很大兴趣的孩子,只会对我的说教更加厌烦,于是我不动声色地说:"周末南海公园有一个划船比赛,宁宁要不要去看看啊?"孩子想了想,点点头说:"我跟妈妈去看看吧。"

　　周末,看完划船比赛之后,我又带着孩子逛了逛水族馆,看着那些形态各异的海底生物,孩子眼中充满了好奇。看出孩子的好奇,在回去的路上我去书店帮孩子挑了一些关于海底生物的书籍, 回家之后,孩子果然看得津津有味。从这个周末以后,我总会想方设法带着孩子多出去接触外面的世界,扩展知识面。时间久了,孩子的好奇心自然而然被外部丰富多彩的世界吸引了,对网络的兴趣也就渐渐淡化了。

　　对于只是觉得无事可做才去上网的孩子,家长带他们多接触外部丰富多彩的世界,就能起到转移他们注意力的效果。孩子的注意力发生转移之后,对网络的迷恋也就会相应下降很多。

当然，家长在这样做的时候，还需要注意一点：带孩子接触的外部事物，最好在孩子第一次接触时就能激起他的好奇心。这就要求家长平时对孩子多一些了解，把握住孩子的兴趣点。相信如果家长能做到这些，帮助"无所事事型"孩子纠正沉迷网络问题，就不是困难的事了。

方法二：多了解孩子的内心，帮助孩子寻找快乐

在和 3 年级孩子的家长谈起孩子上网问题时，我常和家长们说这样一句话："3 年级的孩子，之所以会迷恋网络，大多是因为想在网络世界中寻求新鲜感和满足感，寻找在现实生活中得不到的快乐。"

孩子们为什么会觉得现实生活不快乐呢？

让我们来听一听一些迷恋网络的孩子们的心声：

"在网上，没有人会问我考多少分。"

"游戏中我可以统帅千军万马，所向无敌。"

"我在网上有很多朋友，他们关心我，欣赏我，不会训斥、责备我。"

······

听到孩子们这样的话，家长们是不是明白了些什么呢？孩子之所以会迷恋上网，就是因为在现实生活中，孩子找不到快乐，找不到自信，找不到理解和关爱，他们才会选择在虚拟的世界中寻求慰藉，最终越陷越深，不能自拔。

明白了这一点，家长想要纠正孩子上网的问题，只要能恰当地帮助孩子转移对网络游戏的注意力也就可以了。

对此，我所熟悉的一位家长是这样做的：

儿子上 3 年级之后迷上了网络，常常沉浸在网络虚拟的世界里不能自拔，学习成绩也直线下降。为此我没少费脑筋，后来从一些教育学专家那里我了解到，沉迷网络的孩子，大多是因为在现实中找不到快

乐,内心比较自闭,所以要教育好孩子,首先必须让孩子打开心扉,感受到快乐。

于是,我决定改变教育方式。最初,我和儿子一起玩网游,和他"并肩作战",跟他一起踢足球、打游戏……当我渐渐走进了孩子的生活,孩子也觉得我更像是他的朋友之后,他开始向我敞开心扉,跟我说一些学习上不如意的事情、交友遇到的困难,我也会耐心地提供我的意见。和孩子成为朋友之后,我开始在言谈间跟他提及一些网游的害处,并时常给他讲一些孩子因沉迷网络而失足的故事,不断触动他的心灵。在他对网游的危害有了一定的认识后,我就试着给他讲一些有趣的计算机知识,比如孩子喜欢画画,我就教孩子使用绘图软件、动画制作……他学得很认真,很快就能自己动手做一些简单的动画了。看着儿子的劳动成果,我真心地替儿子感到骄傲,诚心地夸奖儿子,儿子也从中找到了快乐,渐渐走出了他所沉迷的网络世界。

由这位家长的经验我们可以看出,教育孩子最好的方式,不是恐吓、打骂,也不是说教,而是走进孩子的内心世界,去了解、关爱他。当他感受到了家长的关爱,把家长当成无所不谈的朋友,家长说的话,他才会听进去。像例子中的家长就做得很好,当发现孩子沉迷网游之后,他没有对孩子进行严厉的批评,而是和孩子一起玩,走进孩子的世界,了解孩子的想法,当孩子和家长无话不谈之后,再为他寻找一些其他的事情做,转移他的注意力……

◯二 太贪玩，而不爱学习

前些日子一位 3 年级孩子的家长打来电话，着急地问我："老师，人家上 3 年级的孩子都知道放学好好写作业、看书，怎么我家的孩子就光知道玩呢？"

对这位家长的话，我可谓是深有体会。

在我教过的 3 年级孩子中，有这样一个孩子：

男孩晓亮上 3 年级之后，变得特别贪玩，作业老师不追着就不知道写，每天下课之后就迫不及待地跑出去玩耍，上课铃响了都不愿意进教室。对此，我很是费解：晓亮 1-2 年级的时候，并不是这样的啊，为什么一到 3 年级，反而会如此贪玩呢？为此，我曾找过这个孩子的家长，在与孩子家长交流中，我找到了答案。

原来，在 1-2 年级的时候，晓亮每天放学回家，爸爸妈妈都会催着他写作业，在爸爸妈妈的监督之下，晓亮规规矩矩地当了两年好学生。上 3 年级后，爸爸妈妈因为工作的原因经常出差，没有爸爸妈妈的管束，晓亮就像一只撒开翅膀的鹰一样，觉得自己一下子自由了，他开始放任起来，作业想写就写，不想写就不写，玩起游戏来没完没了。晓亮的爸爸妈妈出差回来，也没少说他，但这孩子就是管不住自己⋯⋯

看到这里，家长是不是明白了？孩子贪玩的原因，往往就是自我管理能力差。晓亮这种情况，在很多孩子身上都曾出现过，这样的孩子，在父母的督促之下，往往还能学上一会儿，一旦脱离了父母的视线，就开始撒开了欢儿，谁也管不住他了。

很多家长对此抱怨不已，认为自己的孩子太不争气，连自己都管不住。每当听到家长这样的抱怨，我都会告诉家长，孩子自我管理能力差，其实并怪不得孩子。为什么这么说？我们可以打这样一个比方：一个从来不知道自己动手做饭的人，有一天你让他自己做饭，是不是就有点强人所难？

孩子自我管理能力也是如此，家长一直帮着孩子安排好这儿、安排好那儿，忽然有一天，家长不再帮他安排了，他就会有两种表现：一、自己不知道该学什么，六神无主，茫然无措；二、觉得自己自由了，不再被管束了，放纵地玩。这两种情况无论是哪一种，对孩子学习来说都是不利的。

正是基于这样的考虑，在和 3 年级孩子的家长接触过程中，我一直提倡这样一点：孩子贪玩、不爱学，家长一定要对症下药，不要用简单粗暴的方式来否定孩子，批评、责骂孩子。

在教学过程中，我总结了以下三个方面，来帮助家长培养孩子的自我管理能力，进而爱上学习。

方法一：学习强度不要超过孩子的承受能力

我曾与班上一些比较贪玩的孩子进行过谈话，在谈话中，孩子们发出了这样的声音：

"其实，我也想好好学习啊，每天老师安排的作业就够多了，爸爸妈妈每天还给我安排那么多的任务，我累死都做不完。"

"我在 1-2 年级的时候，学习成绩一直不错，升入 3 年级之后，爸爸妈妈说是要对我进行'强化训练'，给我报了许多课外辅导班，如作文班、奥数班等等，害得我一点儿玩的时间都没有。现在我对学习简直深恶痛绝，成绩也是每况愈下。"

……

很多家长望子成龙、望女成凤的心情，我能理解，但是这样超出孩子承受能力的学习强度，对孩子来说并没有半点益处。就像例子中的孩子所说，反正家长安排的任务，他累死也做不完，干吗不多玩一会儿呢？当家长安排的学习任务太重，孩子看不到希望的时候，也就会心生逆反，来个"鱼死网破"、"破罐破摔"，放纵自己玩下去，久而久之，孩子也就会更加不爱学习，更加贪玩。

明白了这些，家长就该懂得，在教育孩子的过程中，不要着急贪多，要根据孩子的实际情况，安排孩子的学习任务，并尽量让孩子自己安排学习时间。

方法二：给孩子提供一个无干扰的学习环境

和邻居在小区楼下散步的时候，邻居这样说起自己的孩子：

我家这个孩子真是一点自觉性都没有，放学回家我不在他后面追着，他就不知道自己写会儿作业、看会儿书，一会儿溜达到客厅陪我看电视剧，一会儿跑到我们卧室跟他爸爸看足球比赛……我催他写作业，他还满脸不高兴。你说，我们可拿这孩子怎么办呢？

听着邻居这样说，我真不知道该如何回答她。拿她家中的情况来看，孩子贪玩、不好学是孩子的错吗？家长看电视看得津津有味，却让孩子认真学习，孩子心里会怎么想呢？

就这个问题，我曾经问过班上一些同学，他们是这样回答的：

"爸爸妈妈都在看电视，凭什么就让我自己一个人学习啊！我心里不平衡，我也要玩！"

"我想知道电视上到底演的是什么节目，爸爸妈妈看得那么入迷。"

"为什么爸爸妈妈看电视不让我看啊？我就是要找借口溜出去看！"

孩子们这样回答，家长们是不是明白什么了呢？所以，想要孩子好好学习、不贪玩，家长就要给孩子提供一个无干扰的学习环境。

3 年级的孩子，毕竟还小，抵抗外界诱惑的能力还不强，电视上精彩的节目、家长间有趣的聊天话题、成人玩的扑克游戏……都能很快吸引他的注意力，使他的心思发生转移，不能全身心地投入到学习中去。就像我前面提到的邻居一样，邻居在客厅看电视剧，邻居的丈夫在卧室看足球赛，在这样的环境之下，他们却要求孩子认认真真去学习，可能吗？

正是因为明白家庭环境对孩子学习的重要影响，在和 3 年级孩子的家长们谈起孩子贪玩、不爱学习时，我总会跟他们说这样一句话："孩子不爱学习、太贪玩，你先要问问自己，有没有为孩子树立一个好的学习榜样。如果没有，那你就不要责备孩子，而要从自己身上找原因。"

关于这一点，我的一位朋友深有感触：

不久前的一个周末，我从外面回家，看到了这样一幕：上 3 年级的儿子晨晨居然找了好几个同学在我家打扑克。看到我进门，儿子还一脸兴奋地招呼道："爸爸，你快来给我看看，我该出哪张牌？"望着一群孩子玩得热火朝天的样子，我真不知道怎么办才好。孩子刚上 3 年级，怎么就会沉迷于这些东西？

孩子们散了之后，我开始检讨自己：是不是自己平时和朋友们一起打扑克影响到了孩子呢？想到这些，我给自己立下一个规矩：从此以后不在家里进行娱乐活动，争取为孩子营造一个无干扰的学习环境。这样过了一阵子，儿子还感到挺纳闷，跑来问我："爸爸，你怎么不和叔叔他们玩了啊？"我拍着儿子的小脑袋告诉他："爸爸觉得没意思了，有这时间，还不如看会儿书呢！"这么说着，我就真这么做了，每天下班回家我都会捧着本书看上一会儿，在我的带动之下，儿子也开始老老实实去书房看书了。

这位家长就是一位懂得为孩子创造良好学习环境的典范。3 年级的孩子正处于好奇心旺盛的年纪，这个阶段，他看到什么都会有想要

尝试一下的欲望。就像例子中的孩子一样，因为看到家长和朋友们打扑克，他觉得很新鲜就找来自己的同学一起玩。对于孩子来说，扑克到底哪里好玩，或许他也说不上来，可能只是觉得家长玩得兴致勃勃，就单纯地觉得有趣而已。

所以，作为家长，想要孩子好好学习，一定要注意给孩子创造一个适合他学习的环境，避免孩子因受到外界的干扰而无心向学。

二 不爱去上学，不喜欢去学校

孩子升入 3 年级之后，很多问题开始凸显出来，其中尤其重要的一点就是：孩子对学习、学校开始出现抵触情绪。

在日常与家长接触过程中，很多家长这样反映：

"我家那孩子一提起要去上学，就浑身都是毛病，不是这儿不舒服，就是那儿不舒服，就是不愿意去学校！"

"我家那个孩子也是，好像学校有多可怕似的。"

……

听到家长这样的话，我总是会问家长们这样一个问题："当孩子出现这样的情况时，你们是怎么做的呢？"

家长们给出了这样两种不同的回答：

"还能怎么办，被孩子烦得不行，训他、揍他，让他老实！"

"看见孩子这个样子，我也心疼，反正小学课也不多，一天不去，也没什么大不了的，就让他歇一天。"

面对这两种不同的回答，我真是无话可说。孩子不愿意去学校，家长这两种做法对孩子会起到怎样的作用呢？训他，揍他，孩子就会乖乖去学校，乖乖学习了吗？纵容他，宠着他，他就能自觉主动去学校了？我看不见得。

先说一说第一类家长的做法：

粗暴的教育方式，只会让孩子小小的心灵生出这样的想法：不上学是会挨训、挨揍的。所以，孩子为了逃避家长的训斥和打骂，常

常会按照家长的意愿去学校，但是在这样的心理状态下，迈进学校的孩子，可能会好好学习吗？答案显而易见，不会。

再说一说第二类家长的情况：

看见孩子因为不愿意上学而一脸痛苦，家长便纵容孩子，是对孩子好吗？要我说，这就是在害孩子，一次、两次家长为他开了绿灯，就会让已经具备一定独立思考的孩子生出这样的想法：只要我哭、装可怜，爸爸(妈妈)就会向我妥协，我就不用去上学了。抓住了家长的这个心理，孩子常常就会故伎重施，这个时候家长怎么办？还继续纵容孩子吗？那你的孩子就不是落下一天两天课这么简单的事了。

关于这一点，我的一位朋友可谓是深有体会：

朋友家的孩子晓茵上 3 年级后，只要一听到别人说起学校，就好像被人触到伤疤似的，万分不自在。后来情形愈演愈烈，她竟然一听到朋友说让她去上学，就会头疼脑热，浑身不舒服。朋友当时也没有多想，见孩子难受成这个样子，心想就让孩子歇一天吧！结果到了第二天，到了该上学的时候，孩子又开始在床上打滚，说肚子疼。朋友看孩子是真得难受，又不忍心了……就这样孩子一拖拖了一周，就是不去学校。到最后，朋友急了，狠了一下心，将孩子送到学校，结果这孩子因为落下一周课，跟不上老师讲课的进度，更是对学习畏惧不已……

看看，家长对孩子的纵容，造成了多么严重的后果。

明白了这些，作为 3 年级孩子的家长就要注意，当你的孩子身上出现这些现象的时候，一定要注意查找原因，从源头上帮助孩子改变现状。

方法一：孩子学习能力强——调动孩子学习的积极性

我曾教过这样一个男孩：晓飞，人很聪明，成绩也非常不错，但就是学习的积极性不高。为此，我找到他。

"为什么不喜欢学习呢？"我问。

"有什么好学的，学习那么没劲！"晓飞无精打采地回答。

听到这些话，家长们可能已经想到了什么。不错，说这些话的孩子，学习能力往往都很强。学习对他们来说，并不是十分困难的事情，他们常常能够很快地掌握老师讲过的内容，很快地完成作业和解出习题，学习成绩一般都比较优秀。也正是因为如此，学习对这些孩子往往失去了挑战性。在这样的心理状态之下，这些学习能力比较强的孩子就会滋生一种对学习的轻视心理，不屑或不愿去学。

也正是从这一点上说，家长发现孩子是因为学习能力强，觉得学习没劲而不爱学习、不喜欢去学校的时候，就要注意从根本上帮助孩子改变这种学习态度。

具体来说如何做呢？

在纠正学生晓飞的学习态度时，我是这样做的：

清楚了晓飞之所以不喜欢学习，是因为学习的难度对于他来说失去了挑战，我决定从调动孩子的学习情绪入手，帮助孩子端正学习态度。每当课下布置作业的时候，我对晓飞总是格外"关照"，比如，一道题别人用一种解法解出来，我就要求他用两种或者两种以上的解法解出来，如果没有两种解法，才能只用一种。晓飞对我的这个方法果然很感兴趣，每次写作业的时候，都会列出好几种解法。因为每一道题都需要他从多方面、多角度去思索，晓飞的学习兴趣得到了极大的提升。半个学期之后，他不仅思维开阔了很多，也不再说学习没劲了。

作为3年级孩子的家长，如果你的孩子也拥有极强的学习能力，但是却不爱学习，不喜欢去学校，不妨也试试让孩子从多角度去思考问题，将他的能力充分挖掘出来。让他在不断思索的过程中，重新调动起学习的兴趣，调整学习的情绪，那么他也就能慢慢端正对学习和学校的态度了。

方法二：孩子学习能力差——信心是孩子坚持下去的动力

不同于学习能力强却学习情绪不高的学生，还有一类学生，之所以会不爱去上学，不喜欢去学校，是因为学习能力不强，学习对他来说是一种沉重的负担。

我所熟识的一位妈妈就曾这样跟我说：

我们家那个孩子整天嚷着不想去学校，一问他为什么不想去，他就支支吾吾说想到学习就头疼！

的确，对于一些学习能力不强的孩子来说，3年级的学习任务确实会让他们感到头疼，课业难度增强，课业压力加大，加上家长的唠叨、老师的督促，仿佛只要一提到学习、学校就会有数不清的"麻烦"。也正因如此，很多3年级的孩子一提起学校，一提起学习就会浑身不舒服，这儿也疼那儿也疼，不愿意去上学，不喜欢去学校，也就是非常正常的了。

如果家长不懂得孩子这些行为背后究竟暗示着什么，就可能会采取不恰当的教育方式。比如打骂孩子、恐吓孩子、迁就孩子……这都会给孩子今后的学习造成不利的影响。

我的一位亲戚就对此后悔莫及：

女儿萌萌上3年级之后，成绩开始出现下滑现象，经常跟我说不想去学校。当时我就想，小孩子嘛，成绩不好总是会闹闹性子，也没有多注意，照样还是到了上学的时间就让她去上学，该写作业的时候就让她写作业。谁知道，这样过了没多长时间，这个孩子身上毛病更多了，一写作业就嚷头疼，一说去上学就喊肚子疼……如果当初我能早点发现问题，或许这孩子就不会这样了……

的确，很多孩子身上出现问题的时候，都是因为家长的忽视，才会让问题愈演愈烈。就像我亲戚的例子，当孩子刚开始说不想去学校、不想学习的时候，亲戚如果能够正视一下，结果是不是就会是另一种样子呢？

正因如此，在日常与 3 年级孩子的家长接触的过程中，我总是会提醒家长："如果你的孩子因为学习能力不强而出现不爱学习、不想去学校的情况，一定要及时重视起来，寻找解决之道，而不是听之任之。"

那么，针对孩子学习能力不强，不爱学习，都有哪些解决之道呢？

分析学习能力不强的孩子的心理特点，我们可以发现这样一个共同点：但凡学习能力不强的学生，都是自卑、不自信的。

也正是从这一点上说，想要提升孩子的学习能力，家长首先要做的，就是培养孩子的学习自信心。

一位聪明的爸爸是这样培养孩子自信心的：

儿子聪聪上 3 年级之后，在学习上表现出明显的吃力，有一天甚至告诉我，他不想再去学校了。看着儿子闷闷不乐的样子，我知道儿子是因为学习跟不上变得自卑了。于是，我开始试着从培养孩子的自信心入手，帮助孩子建立起学习的兴趣。周五下午孩子放学，拿着一张成绩单进门，一声不响地将成绩单放在茶几上就进了自己的房间。我心知孩子又没有考好，当时也没有找他。

晚饭的时候，我特意让妻子多做了几个菜，然后把孩子叫出来一起吃。孩子一看满桌都是自己喜欢的饭菜不由得疑惑道："爸爸妈妈，今天为什么做这么多菜啊？"

我平心静气地说："聪聪，你这次考试比上次进步了，当然值得庆祝啊！"

儿子脸红了："爸爸，可是我还是没有及格。"

"比上一次已经强多了，爸爸相信只要聪聪肯努力，把每次考试不会的题目都'攻克'掉，别说及格，考个八九十分，甚至 100 分都是可能的！"说这话时，我一直用鼓励的目光看着儿子。

儿子感受到我的鼓励，坚定地点点头说："爸爸，你放心吧，我会继

续努力的。"

对于 3 年级的孩子来说，家长给他什么样的暗示，他往往就会给自己什么样的评价。比如，有的孩子考不好，家长可能就会骂孩子："你怎么这么笨啊！"结果，孩子就会认为自己是笨的，是学不好的，从而更加自暴自弃。例子中的家长在这一点上就做得很好，当孩子拿着成绩单闷闷不乐地回家之后，家长并没有指责孩子，而是真诚地鼓励孩子，帮助孩子树立学习的信心和勇气。家长在这么做的时候，已经具备一定的自尊自我意识的 3 年级孩子，就会收到这样的信息：只要我努力，也是能够学好的。

方法三：做好家校沟通工作

前几天孩子放学回家，气冲冲地跟我说："妈妈，我再也不想去学校了，我不要上学了！"

看着孩子这般表现，我很是不解：孩子学习成绩一直不错，和同学们的关系也很好，还是老师眼中的好学生，为什么会忽然说出这样的话来呢？

抱着这样的疑问，我问孩子："你为什么不想去学校了呢？"

孩子气呼呼地说："老师批评我了！我不想再看到那个老师了。"

孩子这样的回答让我哭笑不得。

的确，对于 3 年级的孩子来说，他们的自尊意识有时甚至强到了我们无法理解的程度。就拿我的孩子来说，作为学生，挨老师的批评本是非常正常的事情，但他却觉得伤了"面子"，而不愿意再去学校，不愿意面对老师、同学们。

有很多孩子和我的孩子一样，受到了老师的批评就会闹情绪，不愿意去上学。这样的孩子本身对学习、学校并没有排斥心理，相反，他们还可能是那些学习不错的学生，一向被老师视为"宝贝"，从来没有受到过批评或责骂,也正是因为这样,这些学生的自尊心也就特别的强,自我感觉一直都很良好,一旦老师责备他几句,他就会觉得自己的自尊心受到了伤害,从而不愿意再去上学。

家长若是不了解情况,粗暴地责备孩子,只会让已经具备强烈自尊心的孩子觉得更加委屈,对学校、学习、老师更加厌烦。

每当我和3年级孩子的家长说起这一点时,总会有家长问我:"既然如此,面对自尊心这样强烈的孩子,我们该怎么做呢?"

正是基于这点考虑,在与家长接触过程中,我一直嘱咐他们这样一点:一定要做好家校沟通工作。

在解决我的孩子不愿去学校问题上,我是这么做的:

我一面和孩子的老师联系,了解孩子在校情况,感谢老师对孩子的重视(我们必须承认,大多数老师之所以会批评学生,确实为了孩子好),一面开导孩子:"老师批评你,是因为重视你,想让你做得更好,更优秀。今天他还跟我夸你又懂事成绩又棒,是他的好帮手呢!"孩子听我这样说,开始不好意思起来。随后几天,孩子对这个老师的印象有了明显的改观,经常会主动跟我说:"其实,我们老师挺好的,今天又夸我了!""我们老师可负责任了,作业总是批得很细致!"

随着孩子慢慢转变了对老师的看法,他对学校和学习也不再有那么大的抵触情绪了。

作为一名教育工作者,我很明白,老师之所以会批评孩子,大多是为了孩子好。如果因为老师的好心,孩子就对老师一直存在偏见,无疑就会影响老师在孩子心目中的印象,这对孩子今后的学习来说,是大为不利的。

正是因为如此,如果你的孩子也因为自尊过于强烈,受到老师一点儿批评就不爱学习,不想去学校,对老师有了偏见,你不妨借鉴一下我的经验:做好家校沟通工作,维护老师在孩子心目中的地位。

四 胆小害羞，不敢在课堂上回答问题

在 3 年级教学过程中，有这样一些学生总是能够引起我的注意：

他们常常不会在课堂上踊跃地回答问题；

他们即使被点到回答问题，回答的声音也会很小；

他们回答问题时，常常不自觉地摆弄衣角，不自觉地低着头，非常不自然；

……

换句话说，这些学生大多比较害羞，课堂表现不够活跃，不能积极主动地融入课堂氛围。

课下的时候，我也曾和这类学生的家长沟通过，很多家长对此都无奈地跟我说："孩子性格比较内向，胆小害羞，跟别人说话都脸红，说他很多次了就是改不掉，我们也没办法啊！"

的确，在 3 年级孩子身上，害羞、内向，确实是一个普遍存在的问题。

我的一位邻居就曾这样说起自己的孩子：

女儿小雅上 3 年级后，变得更加内向，更加不爱说话了。放学回家，问她学校的事，她都支支吾吾不愿多说；和朋友们聚会，想要带着她去，她每次都会找借口不跟我去……深感纳闷的我跟学校的老师一交流才知道，这孩子甚至不敢在课堂上回答问题，有时被老师点到，一开口还会脸红。

孩子内向、怕羞，不愿意和生人接触，这我都能理解，但是孩子的成绩一直不错，为什么还会害怕在课堂上回答问题呢？

看到这里，相信很多家长都会发出这样的疑问："是啊，成绩不错的孩子，为什么也会害怕回答问题呢？"

在问邻居家的孩子小雅这个问题时，孩子红着脸告诉我："老师一叫我，我就脸红，说不出话，也怕答错了别人笑话我。"

瞧，孩子不敢回答问题的原因，竟然是怕人笑话。说到这一点，很多家长也许会对此感到不解，还只是 3 年级的孩子怎么会有这么多的顾虑呢？

3 年级，正是孩子自尊、自我意识开始萌芽的时候，在这个时期，孩子的心理往往特别敏感，他们害怕自己的一言一行出现任何差错，从而受到别人的嘲笑，因此他们常常会"谨言慎行"，变得不爱说话、不爱表现。

明白了事态的严重性，家长就要在日常生活中，帮助孩子逐步建立起自信心，让孩子能够勇敢地参与到课堂氛围当中去，迈出树立正确自尊意识的第一步。

方法一：在家里进行模拟课堂训练

我曾教过一个学生，名字叫做小鹏。3 年级上学期时，这个孩子还非常胆小、害羞，上课不敢回答老师提问，但到了下学期，这个学生不仅能流利地回答老师的提问，有时还会主动举手要求回答问题。

这个孩子为什么会有这么大的转变呢？怀着这样的好奇，我找来了小鹏，跟他进行了一番谈话。在谈话过程中，我找到了答案：

小鹏害羞胆小的问题，也曾一直困扰着小鹏的家长。他的妈妈对此很是上心，在查阅了一些相关资料、咨询一些教育专家之后，决定从调动孩子回答问题的积极性入手，帮助孩子树立起自信心。

找到突破口之后，小鹏的妈妈开始帮助孩子提前梳理孩子将要学习的课程，把老师可能会在课堂上提出的问题一一罗列出来，在家庭之中和孩子提前开展一个课堂模拟训练。

在熟悉的家庭氛围中，小鹏往往能够比较自如地回答妈妈的提问，有时候回答得不完整，妈妈就会给小鹏补充一下……这样，在小鹏还没有上新课之前，很多问题的答案就已经装在他脑袋里了，当老师上课提问到他的时候，已经在课下做过充分准备工作的小鹏，回答得就自然多了。当回答问题变成习以为常的事情之后，小鹏也就不再害怕回答问题了。

听着小鹏道出这样的原委，我不由得称赞他的妈妈如此聪明。

对于内向、害羞，不敢在课堂上回答问题的孩子来说，小鹏妈妈的做法无疑是非常明智的。

在家中模拟课堂，孩子回答问题的时候，不用像在学校时那样面对那么多同学，没有回答不好会被嘲笑的心理压力，就能够平心静气地回答问题。随着孩子在家庭课堂上回答问题的水平越来越高，就能慢慢建立起一定的自信，在学校，能够顺利回答老师的提问也就很正常了。这个时候如果能再得到老师的表扬和肯定，那么孩子回答问题的积极性就会大增，对学习也就会越来越有劲。再让他回答问题，他就不会是害羞、胆小，而是兴奋了。就像我的学生小鹏一样，他在妈妈的锻炼之下具备了一定的自信，能够清楚、明白地回答老师的问题之后，不仅不再害怕老师的提问，还会积极主动地举手要求回答呢。

也正是因为如此，在和 3 年级孩子的家长接触的过程中，我常常会建议家长们在家里多陪孩子进行一些家庭模拟课堂训练，让孩子在回答问题的过程中不断总结经验，提高回答问题的水平。

方法二：帮孩子扎实基础

在日常教学过程中，我曾对那些不敢在课堂上回答问题的孩子进行过调查，结果发现，不敢在课堂上回答问题的孩子，大致分为两类：第一类也就是我们前面所说的本身比较胆小、害羞、缺乏自信的孩子，第二类则是那些上课不认真听讲、基础知识掌握不牢、想回答也回答不上来的孩子。

关于如何帮助第一类孩子,在前面我们已经介绍了详细的解决方法,在此也就不多说了。

对于第二类孩子,在日常和家长接触过程中,我一直强调这样一点:帮助孩子打牢基础。

基础知识是孩子学习的根本,如果连基础知识都掌握不牢,在学习过程中,孩子会碰到什么样的困难也就不难想象了。

就拿课堂回答问题来说,孩子基础知识掌握不牢,就算孩子站起来,他也不知道该说什么、从哪里开始说。这种情况之下,孩子的自信心就会大受打击,也就很难爱上学习,导致成绩下降,甚至滋生厌学、自卑等一系列不良心理。

3 年级阶段正是低年级到中高年级过渡的关键时期,孩子若是在这个时期自卑、厌学,对他今后的发展来说,将会产生怎么样的影响,也是不言自明的。

明白了其中的利害关系,作为家长,就要把帮助孩子打牢基础知识提到家庭教育的日程上来。

我所熟识的一位家长是这样做的:

当我从孩子的老师那里了解到,孩子上课不敢回答问题是因为基础知识不牢之后,我就开始从帮助孩子打牢基础知识上下工夫。每天晚上帮助孩子检查作业的时候,我都会留意哪些知识是孩子因掌握不牢容易做错的,哪些是孩子在我指导之下做出来的。孩子在作业时遇到的这些盲点,我都会把它们挑出来,找一个本子记录下来,每隔一周,让孩子自己重新做一次。在逐渐消灭这些盲点的过程中,孩子对基础知识的掌握越来越牢固了,也慢慢敢于在课堂上回答问题了。

在和资深教师交流过程中, 他们常常说这样一句话:"自信是建立在知识上的,只要孩子们确实掌握了知识,就不会害怕在课堂上回答

问题。"

的确，孩子基础知识都没有掌握好，你让他回答问题，他自然不知道该怎么回答。因为不知道，心里也就会没底，心里没底，也就会逃避老师的提问，变得害怕老师的提问，不敢在课堂上回答问题了。例子中的家长就做得很好，帮助孩子找出学习中存在的盲点，加以攻克，当孩子把基础知识熟练掌握之后，在课堂上正确回答问题也就不是难事了。

方法三：不要过分在意孩子回答的对与错

在一次家长公开课上，我曾亲眼见到这样一幕：

一个孩子在被老师叫起来回答问题时，他的妈妈在一旁急忙叮嘱："给我好好回答，不许答错！"

结果，正准备开口回答的孩子，一下子愣住了，呆了半晌缓过神来之后，却答得支支吾吾。

现实生活中，和这位家长一样把对与错看得很重的家长并不在少数。他们在教育孩子时，往往对孩子抱着很高的期望，不希望孩子身上出现哪怕一丁点儿差错。在家长这样苛刻的要求之下，孩子每说一句话，每做一件事都小心翼翼，生怕出了错，会挨家长的训斥。结果，孩子越是怕错，越是小心，往往越是出错。孩子出错，家长责骂，恶性循环之下，想要孩子做得好，也就不是那么容易的事了。就像例子中的妈妈一样，孩子还未开口，就先让孩子心里有了阴影，还怎么可能会回答得好呢？

正是因为如此，想要孩子自信地在课堂上回答问题，家长就要明白，孩子的回答无论对与错，都是他们自己思考的结果，家长不要总是用自己的标准去要求孩子。

在教学过程中，我就是这样做的：

在课堂提问时，我从来不会对孩子的答案一概否定，常常鼓励孩子说出自己的想法，孩子怎么想的，就让孩子怎么说（只要不是太离谱）。最后，我再对孩子的答案进行总结，好在哪里，不足在哪里。在孩子回答过程中，我从来不会打断孩子，而是微笑着鼓励他说下去……

在我这种鼓励教育之下，我班上的学生从来没有出现过上课不敢回答问题的现象。因为他们知道，即使答错了，我也不会批评他们；答对了，还能得到我的表扬。在这样的教育方式之下，孩子们上课回答问题时，都非常的踊跃。

苦于孩子不敢在课堂上回答问题的家长，不妨对你的孩子要求放宽一些，不要要求孩子那么多，及时和老师做一些沟通交流，请老师多鼓励孩子。相信孩子在家长和老师的鼓励之下，就能够慢慢表达自己的想法，敢于在课堂上开口回答问题了。

后　记

　　我曾去拜访过一位国内知名的教育专家,在谈到孩子的教育问题时,这位教育专家说了一句让我备受启发的话:"实际上,孩子成长过程中的每一年、每一天都是不同的,家长唯有每一年、每一天都有一个新的教育思路,孩子的人生之路才能真正顺畅无比。"

　　那么,这"每一年、每一天的新思路"究竟是怎样的呢?

　　作为一名从教多年的教师,在朝华出版社相关编辑的组织下,我和几位同事以及相关教育专家一同坐下来,对孩子心理发展的脉络,以及完整的成长过程进行详细的梳理后,我们最终达成了这样一个共识:从小学到初中,每一年、每一天都很关键。

　　1-2 年级,塑造孩子一生的关键(孩子刚刚入学,问题接踵而至);

　　3 年级,激活孩子一生的关键(小学低年级升入中高年级最为关键的一年);

　　4 年级,决定孩子一生的关键(小学阶段最为重要的转折期);

　　5-6 年级,成就孩子一生的关键(小升初最为关键的两年);

　　7-8 年级,改变孩子一生的关键(初中阶段最为重要的转折期);

　　9 年级,决胜孩子一生的关键(初中升高中最为关键的一年);

这其中，主要分为三个方向：

1–2 年级，属于"入学关键期"；

4 年级、7–8 年级，属于"转折关键期"；

3 年级、5–6 年级、9 年级，属于"升学关键期"。

以上即为我们"一线教育"推出的 6 本图书，希望能给广大望子成龙又苦于没有具体操作方法的家长朋友，带来全新的启示与帮助。

（注：关于高中生的学习与教育引导问题，我们将在另一系列图书中予以完善。）